LEARN POLISH WITH SHOR _____

ISBN: 978-1-987949-99-5

This book is published by Bermuda Word. It has been created with specialized software that produces a three line interlinear format.

Please contact us if you would like a pdf version of this book with different font, font size, or font colors and/or less words per page!

LEARN-TO-READ-FOREIGN-LANGUAGES.COM

Dear Reader and Language Learner!

You're reading the Paperback edition of Bermuda Word's interlinear and pop-up HypLern Reader App. Before you start reading Polish, please read this explanation of our method.

Since we want you to read Polish and to learn Polish, our method consists primarily of word-for-word literal translations, but we add idiomatic English if this helps understanding the sentence.

For example:
Może   coś   poradzę?
Perhaps something will advise?
[Perhaps there's something that can be done?]

The HypLern method entails that you re-read the text until you know the high frequency words just by reading, and then mark and learn the low frequency words in your reader or practice them with our brilliant App.

Don't forget to take a look at the e-book App with integrated learning software that we offer at learn-to-read-foreign-languages.com! For more info check the last two pages of this e-book!

Thanks for your patience and enjoy the story and learning Polish!

Kees van den End

LEARN-TO-READ-FOREIGN-LANGUAGES.COM

3 Tytuł & Spis Treści

SPIS TREŚCI
List of Contents

Henryk   Sienkiewicz
Henry   Sienkiewicz

Janko   Muzykant
Janko   Musician

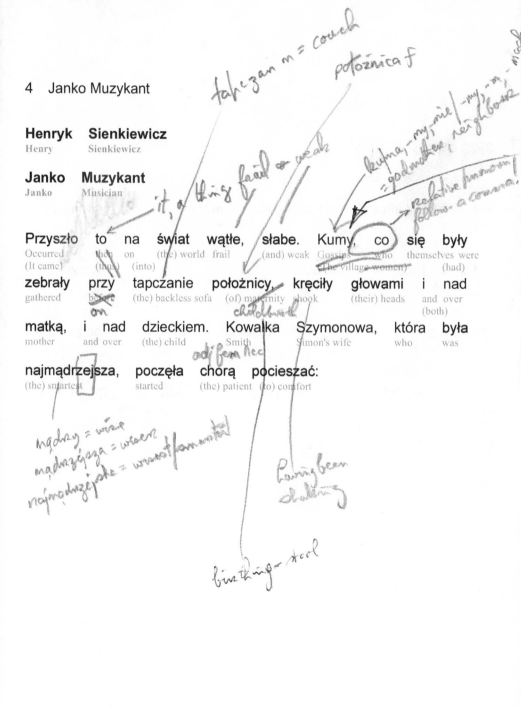

Przyszło   **to**   **na**   **świat**   **wątłe,**   **słabe.**   **Kumy,**   **co**   **się**   **były**
Occurred   then   on   (the) world   frail   (and) weak   Gossips   who   themselves   were
(It came)   (thus)   (into)   (The village women)   (had)

zebrały   **przy**   **tapczanie**   **położnicy,**   **kręciły**   **głowami**   **i**   **nad**
gathered   before   (the) backless sofa   (of) maternity   shook   (their) heads   and   over
(both)

matką,   **i**   **nad**   **dzieckiem.**   **Kowalka**   **Szymonowa,**   **która**   **była**
mother   and   over   (the) child   Smith   Simon's wife   who   was

najmądrzejsza,   **poczęła**   **chorą**   **pocieszać:**
(the) smartest   started   (the) patient   (to) comfort

5 Janko Muzykant

"Dajta," powiada, "to zapalę nad wami gromnicę, juże z
Give that *(she) said* *that* *(I) light* *over* *you* *(a) candle* *already* *with*

was nic nie będzie, moja kumo;"
you *nothing* *not* *will harm* *my* *good woman*

już wam na tamten świat się wybierać i po
already *yourself* *on* *that* *(other) world* *yourself* *choose* *and* *for*
                                                    (prepare)

dobrodzieja by posłać, żeby wam grzechy wasze odpuścił.
(the) priest *(you) should send* *to* *your* *sins* *yourself* *forgive*

"Ba!" powiada druga.
Yes *said* *(the) other,*
                 (second)

"A   chłopaka   to   zara   trza   ochrzcić;   on   i   dobrodzieja
But   (the) boy   then   immediately (one) ought to   baptize   he   also   (the) priest

nie   doczeka,"   a   powiada,   "błogo   będzie,   co   choć   i
not   (can) await   and   (she) said   blessed   poor one   (so) that   though   also
(poor soul)

strzygą   się   nie   ostanie."
(a) vampire itself   not   remains
(becomes)

Tak   mówiąc   zapaliła   gromnicę,   a   potem   wziąwszy
So   saying   (she) lit   (a) candle   and   then   taking

dziecko   pokropiła   je   wodą,   aż   poczęło   oczki   mrużyć,   i
(the) child   sprinkled   it   (with) water   until   (it) began   (the) eyes   to squint   and
(to blink)

rzekła   jeszcze:
said   also

7 Janko Muzykant

"Ja   ciebie   *krzcę*   w   Imię   Ojca   i   Syna,   i   Ducha
I   you   *christen* in   Name   Father and Son   and Spirit
                 (baptise you) [in the name of the Father , the Son and the   Holy   Spirit

Świętego   i   daję   ci   na   przezwisko   Jan,   a   teraz-że,
Holy   and I give you   onto nickname   Yan   but now   then
      ]

duszo   *krześcijańska,*   idź,   skądeś   przyszła.   Amen!"
soul   *Christian*   go   whence thou came   Amen

Ale   dusza   chrześcijańska   nie   miała   wcale   ochoty   iść,
But   (the) soul Christian   not   had   the least desire   to go
                                          (it had)

skąd   przyszła,   i   opuszczać   chuderlawego   ciała,   owszem,
wherefrom came   and leave   (the) skinny   body   indeed
      (it came)

poczęła   wierzgać   nogami   tego   ciała,   jako   mogła,   i
(it) began to kick   with the legs of that body   as much as (it) could   and

płakać,   chociaż   tak   słabo   i   żałośnie,   że   jak   mówiły
to cry   though   so   weakly   and plaintively that as   said

kumy: "Myślałby   kto,   kocię   nie   kocię   albo   co!"
(the) good wives Thought-would who   (a) kitten not   (a) kitten or   what
         [You would have thought that it is a kitten , right   ]

Posłano **po** **księdza;** **przyjechał,** **zrobił** **swoje,** **odjechał,**
(They) sent   for   (the) priest   arrived   (he) did   his   departed
                                                         (his duty)

chorej **zrobiło** **się** **lepiej.** **W** **tydzień** **wyszła** **baba** **do**
sick   did   herself   better   In   (a) week   went out   (the) mother   to
(the patient)

roboty.
work

Chłopak **ledwo** *zipał,* **ale** **zipał;** **aż** **w** **czwartym** **roku**
Boy   barely   *blew*   but   blew   until   in   (the) fourth   year
(The boy)   *(pulled through)*

okukała **kukułka** **na** **wiosnę** **chorobę,** **więc** **się poprawił** **i**
cuckolded   (the) cuckoo   onto   spring   (an) illness   still   recovered himself   and
(dumped on him)   (he recovered)

w **jakim** **takim** **zdrowiu** **doszedł** **do** **dziesiątego** **roku** **życia.**
in   of what of this   health   (he) arrived   at   (the) tenth   year   (of his) life
     (some kind of)

Chudy   był   zawsze   i   opalony,   z   brzuchem   wydętym,   a
Skinny   (he) was always   and bronzed   with belly   swollen   and
[swollen belly   ]

zapadłymi   policzkami;   czuprynę   miał   konopną,   białą   prawie
fallen   stringy   mop   was   hemp   white   almost
(of hair)

i   spadającą   na   jasne,   wytrzeszczone   oczy,   patrzące   na
and falling   over   (the) clear   wideopen   eyes   looking   at

świat,   jakby   w   jakąś   niezmierną   dalekość   wpatrzone.
(the) world   like   in   some   huge   distance   staring
(from)

W   zimie   siadywał   za   piecem   i   popłakiwał   cicho   z
In   winter   (he) sat   at   (the) stove   and wept   softly   with
(from)

zimna,   a   czasem   i   z   głodu,   gdy   matula   nie   mieli   co
(the) cold   and   sometimes   also   with hunger   when   mommy   neither   had   what
(from)   (anything)   (somethi

włożyć   ani   do   pieca,   ani   do   garnka;
to put in   nor   to   (the) oven   nor   to   (the) pot

latem **chodził** w koszulinie przepasanej **krajką** i w
(In) summer (he) went in shirts girdled (with) cloth belt and in

słomianym *kapalusie*, spod którego obdartej kani
(a) straw *hat* from which ragged brim

spoglądał, zadzierając jak ptak **głowę** do góry.
(he) looked craning as (a) bird head to top
[upwards]

Matka, biedna komornica, **żyjąca** z dnia na dzień niby
(The) Little mother (was a) poor tenant living with day to day like
(from)

jaskółka pod **cudzą strzechą,** może go tam i **kochała**
(a) swallow under someone else's thatched possibly him there also loved
(roof)

po swojemu, ale **biła dość** często i zwykle **nazywała**
on her own but beat pretty regularly and usually (him) called
(in) (her own way)

odmieńcem .
'freak'

11 Janko Muzykant

W ósmym roku chodził już jako potrzódka za bydłem
In (the) eighth year (he) went already as herder boy behind (the) cattle

lub, gdy w chałupie nie było co jeść, za bedłkami
or when in (the) cottage not (there) was what to eat to (the) pine woods
(something)

do boru. Że go tam kiedy wilk nie zjadł, zmiłowanie
for mushrooms That him there while (a) wolf not ate (was) mercy

Boże.
(of) God

Był to chłopak nierozgarnięty bardzo i jak wiejskie
Was then (a) boy slow-witted quite and just like rural
(He was)

dzieciaki przy rozmowie z ludźmi palec do gęby
kids at (a) conversation with people (the) finger to (the) mouth
(by)

wkładający.
(he) put in

Nie   obiecywali   sobie   nawet   ludzie,   że   się   wychowa,   a
Not   (they) promised   themselves   even   (the) people   that   himself grew up   and

jeszcze   mniej,   żeby   matka   mogła   doczekać   się   z   niego
even   less   as that   (his) little mother   could   expect   herself   from him

pociechy,   bo   i   do   roboty   był   ladaco.
support   because   also   to   work   was   poor
(inadequate)

Nie   wiadomo,   skąd   się   to   takie   ulęgło,   ale   na   jedną
Not   (it was) known   where   himself then   (one) such   arrived from but   on   one
[It   wasn't   clear where such a   creature arrived   from]   (for)

rzecz   był   tylko   łapczywy,   to   jest   na   granie.
thing   (he) was only   eager   then   (it) was   to   music

13   Janko Muzykant

Wszędzie **też** **je** **słyszał,** a jak tylko **trochę** **podrósł,**
Everywhere also it heard and as only a little grew older

tak **już** o niczym **innym** nie **myślał.** Pójdzie, **bywało,**
so already about nothing else not thought Going at times

do boru za **bydłem** albo z dwojakami na jagody, to
to mushrooms behind (the) cattle or with doubles for berries then
(attached pots with handle in the middle)

się wróci bez jagód i mówi **szepleniąc:**
himself returns without berries and says stammering

"Matulu! Tak ci **coś** w boru *grlało* . Oj! Oj!"
Mammie So some what in (the) forest *played* Oh Oh
(played music)

A matka na to:
And (the) little mother to that
[to that answered]

"Zagram   ci   ja,   zagram!   Nie   bój   się!"
(I'll) play   (for) you I   (I'll) play   Do not   fear   a

Jakoż   czasem   sprawiała   mu   warząchwią   muzykę.   Chłopak
In fact   at times   made   him   (with the) ladle   music   (The) Boy

krzyczał,   obiecywał,   że   już   nie   będzie,   a   taki   myślał,
shouted   promised   that   already   not   will be   and   such   thought
                              [he   won't   do it anymore]   (this)

że   tam   coś   w   boru   grało...   Co?   Albo   on   wiedział? ...
that   there   something in   (the) forest   played   What   Whether   he   knew
                              (was playing)

Sosny,   buki,   brzezina,   wilgi,   wszystko   grało: cały   bór,   i
Pine   beeches   birch   orioles   everything   played   (the) whole forest   and
                                          (was playing)

basta!
enough

15 Janko Muzykant

Echo też... W polu grała mu bylica, w sadku pod
(The) Echo too In (the) field played for him (the) artemisia in the little garden at

chałupą ćwirkotały wróble, aż się wiśnie trzęsły!
(the) cottage twittered (the) sparrows until themselves (the) cherries shook

Wieczorami słuchiwał wszystkich głosów, jakie są na wsi,
(The) Evenings (he) heard every voice which are in (the) village

i pewno myślał sobie, że cała wieś gra.
and surely thought by himself that (the) whole village plays

Jak posłali go do roboty, żeby gnój rozrzucał, to mu
As (they) sent him to work to manure spread then (for) him

nawet wiatr grał w widłach.
even (the) wind played in (the) forks

Zobaczył   go   tak   raz   karbowy,   stojącego   z   rozrzuconą
Saw   him   thus   once   (the) overseer   standing   with   dishevelled

czupryną   i   słuchającego   wiatru   w   drewnianych   widłach...
forelock   and   listening   (to the) wind   in   (the) wooden   forks

zobaczył   i   odpasawszy   rzemyka   dał   mu   dobrą   pamiątkę.
saw   and   unbound   (the) strap   (he) gave him   (a) good   souvenir
(took off)   (reminder)

Ale   na   co   się   to   zdało!   Nazywali   go   ludzie   *Janko*
But   on   what   itself   then   seemed   Called   him   (the) people   *Janko*

Muzykant   !...   Wiosną   uciekał   z   domu   kręcić   fujarki
(the) Musician   (In) Spring   (he) fled   from   home   rolled   whistles
(created)

wedle   strugi.
by   (the) stream

17 Janko Muzykant

Nocami, gdy żaby zaczynały rzechotać, derkacze na
At night — when — frogs — began — to croak — (the) landrail — on

łąkach derkotać, bąki po rosie burczyć; gdy koguty
(the) meadows to call — (the) bitterns on — (the) dew — to grunt (to boom) — when — roosters

piały po zapłociach, to on spać nie mógł, tylko słuchał
crowed — behind wicker fences — then — he — to sleep — not — could — only — listened

i Bóg go jeden wie, jakie on i w tym nawet słyszał
and God — him — one (alone) — knows — what — he — also — in — that — even — heard

granie...
playing

Do kościoła matka nie mogła go brać, bo jak, bywało,
To — church — little mother (his mother) — not — could — him — take — because — if — (there) was

zahuczą organy lub zaśpiewają słodkim głosem, to
to ring — (the) organ — or — sing — with sweet — voices — then

dziecku oczy tak mgłą zachodzą, jakby już nie z tego
(the) child's — eyes — so — mist — covered — like — already — not — from this (out of)

świata patrzyły...
world — looked

Stójka,   co   chodził   nocą   po   wsi   i   aby   nie   zasnąć,
Little stand   that   walked   at night   through   (the) village   and   as to   not   sleep
(The guard)   (fall asleep)

liczył   gwiazdy   na   niebie   lub   rozmawiał   po   cichu   z
counted   (the) stars   in   heaven   or   talking   like   quietly   with
                              (the sky)

psami,   widział   nieraz   białą   koszulę   Janka,   przemykającą
(the) dogs   saw   sometimes   white   shirt   Janka   stealing
                              (shirted)

się   w   ciemności   ku   karczmie.
himself in   (the) dark   to   (the) inn

Ale   przecież   chłopak   nie   do   karczmy   chodził,   tylko   pod
But   after all   boy   not   to   (the) inn   went   only   at

karczmę.   Tam   przyczaiwszy   się   pod   murem,   słuchał.
(the) inn   There   hugging   himself   at   (the) wall   listened

Ludzie   tańcowali   obertasa,   czasem   jaki   parobek
People   danced   (the) Obertas   with time   some   farmhand
                              (at times)

pokrzykiwał:
shouted

19 Janko Muzykant

U-ha ! Słychać było tupanie butów, to znów głosy
Uha Heard was stamping of boots then again voices

dziewczyn: *Czegóż?* Skrzypki śpiewały cicho: *Będziem*
of girls *What* Violins singing softly *Thou shalt*

jedli, będziem pili, będziewa się weselili, a basetla
eat shall we drink let ourselves rejoice and (the) bass

grubym głosem wtórowała z powagą:
with thick voice echoed with seriousness
(with a deep)

Jak Bóg dał! Jak Bóg dał! Okna jarzyły się światłem,
How God gave How God gave (The) Windows glowed themselves with light

a każda belka w karczmie zdawała się drgać, śpiewać
and each (wooden) beam in (the) inn seemed itself to vibrate singing

i grać także, a Janko słuchał! ...
also play like that and Janko listened

Co by on za to dał, gdyby mógł mieć takie skrzypki
What would he for that gave if (he were) able to have such (a) fiddle

grające cienko: Będziem jedli, będziem pili, będziewa się
playing thin Thou shalt eat shall we drink let ourselves

weselili.
rejoice

Takie deszczułki śpiewające. Ba! Ale skąd ich dostać?
Such planks singing Bah But where them to get

Gdzie takie robią? Żeby mu przynajmniej pozwolili choć
Where such are made To him at least to let though

raz w rękę wziąć coś takiego! ... Gdzie tam! Wolno
once in (the) hand to take what such Where there Allowed
[something like that]

mu tylko było słuchać, toteż i słuchał zwykle dopóty,
him only was to listen so and listened usually until

dopóki głos stójki nie ozwał się za nim z ciemności:
as long as (the) voice (of the) guard not exclaimed itself behind him from (the) darkness

"Nie   pójdziesz-że   ty   do   domu,   utrapieńcze?"
Not   will go   then   you   to   home   grievance
(rascal)

Więc   wówczas   zmykał   na   swoich   bosych   nogach   do
So   then   (he) fled   on   his   bare   legs   to
(feet)

domu,   a   za   nim   biegł   w   ciemnościach   głos   skrzypiec:
home   and   behind   him   ran   in   (the) dark   (the) voices (of the) violins

Będziem   jedli,   będziem   pili,   będziewa   się   weselili,   i
Thou shalt   eat   shall we   drink   let   ourselves   rejoice   and

poważny   głos   basetli: Jak   Bóg   dał!   Jak   Bóg   dał!   Jak
serious   voice   (of the) bass   How   God   gave   How   God   gave   How

Bóg   dał!   .
God   gave

Gdy tylko mógł słyszeć skrzypki, czy to na dożynkach,
When only (he) could hear (the) fiddle or then at harvest festival
[whenever]

czy na weselu jakim, to już dla niego było wielkie
or at wedding some then already for him (it) was (a) big

święto. Właził potem za piec i nic nie mówił po
holiday Crawled after that behind (the) stove and nothing not said for
(He would crawl)

całych dniach, spoglądając jak kot błyszczącymi oczyma
whole days looking like (a) cat (with) shiny eyes

z ciemności. Potem zrobił sobie sam skrzypki z gonta
from (the) dark Then made himself own fiddle from shingle
(a little plank)

i włosienia końskiego, ale nie chciały grać tak pięknie
and hair (of a) horse but not (it) wanted to play so beautifully

jak tamte w karczmie: brzęczały cicho, bardzo cichutko,
as those in (the) inn buzzed softly very softly

właśnie jak muszki jakie albo komary.
exactly as (a) fly of some kind or mosquitoes

Grał jednak na nich od rana do wieczora, choć tyle
Played however on it from morning to evening though for

za to odbierał szturchańców, że w końcu wyglądał jak
that then received cuffs that in (the) end (he) looked like

obite jabłko niedojrzałe. Ale taka to już była jego
(a) struck apple immature But such then already was his

natura.
nature

Dzieciaczyna chudł coraz bardziej, brzuch tylko zawsze
The poor child thinned that-times more (his) belly only always
(lost weight) [more and more]

miał duży, czuprynę coraz gęstszą i oczy coraz szerzej
was large mop that-times denser and (his) eyes that-times wider
(his mop of hair) [getting denser and denser] (getting)

otwarte, choć najczęściej łzami zalane, ale policzki i
open though frequently tears flooded but cheeks and

piersi wpadały mu coraz głębiej i głębiej...
breast fell (of) him getting deeper and deeper

Wcale   nie   był   jak   inne   dzieci,   był   raczej   jak   jego
Not at all   not   (he) was like   other   children   (he) was rather   like   his

skrzypki   z   gonta,   które   zaledwie   brzęczały.
fiddle   from shingles   that   only   buzzed

Na   przednówku   przy   tym   przymierał   głodem,   bo   żył
At   pre-harvest   before   which   (he) starved   with hunger   because   (he) lived
   (of hunger)

najczęściej   surową   marchwią   i   także   chęcią   posiadania
mainly   (of) raw   carrots   and also   (the) desire   (of) ownership

skrzypek.
(of a) violin

Ale   ta   chęć   nie   wyszła   mu   na   dobre.
But   this   desire   not   left   him   to   good

25 Janko Muzykant

We dworze miał skrzypce lokaj i grywał czasem na
In (the) mansion (there) was (a) violin lackey also played sometimes to
(the butler)

nich szarą godziną, aby się podobać pannie służącej.
one gray time to herself please maid serving
[at dusk]

Janko czasem podczołgiwał się między łopuchami, aż
Janko at times crept up himself between (the) wild thistles until

pod otwarte drzwi kredensu, żeby im się przypatrzeć.
at (the) open doors of buffet at it himself scrutinise
(of the pantry) (could peek)

Wisiały właśnie na ścianie naprzeciw drzwi. Więc tam
Hung exactly on (the) wall opposite (the) doors So there

chłopak duszę swoją całą wysyłał ku nim przez oczy,
(the) boy (the) soul (of) his whole send to it by (his) eyes

bo mu się zdawało, że to niedostępna jakaś dla niego
because him itself seemed that then unattainable that to him

świętość, której niegodzien tknąć, że to jakieś jego
(a) holiness which (he was) unworthy to touch that to any him

najdroższe ukochanie.
(the) most expensive love

A   jednak   pożądał   ich.   Chciałby   przynajmniej   raz   mieć
But   however   (he) coveted   it   (He) Would like   at least   once   to have
(still)

je   w   ręku,   przynajmniej   przypatrzeć   się   im   bliżej...
it   in   hand   at least   scrutinize   himself   it   closer
(his hands)

Biedne   małe   chłopskie   serce   drżało   na   tę   myśl   ze
Poor   small   little fellow   heart   trembled   at   this   thought   with
(The poor)

szczęścia.
happiness

Pewnej   nocy   nikogo   nie   było   w   kredensie.   Państwo   od
One   night   nobody   not   (there) was in   (the) pantry   Lordship   from
(Their lordships)   (since)

dawna   siedzieli   za   granicą,   dom   stał   pustkami,   więc
(a) long time   sat   behind   (the) border   (the) house   stood   empty   so
[abroad   ]

lokaj   przesiadywał   na   drugiej   stronie   u   panny   pokojowej.
lackey   sat   on   (the) other   side   with (the) maid   peaceful
(the butler)   [with the   waiting-maid]

Janko,	przyczajony	w	łopuchach,	patrzył	już	od	dawna
Janko	crouched	in	(the) wild thistles	watching	already	from (for)	(a) long time

przez	otwarte	szerokie	drzwi	na	cel	wszystkich	swych
by	(the) open	wide	doors	at	target (the object)	of all	his

pożądań.
desires

Księżyc	właśnie	na	niebie	był	pełny	i	wchodził	ukośnie
Moon (The moon)	exactly	in	heaven (the sky)	was	full	and entered		straight

przez	okno	do	kredensu,	odbijając	je	w	kształcie
through	(the) window	to	buffet (the pantry)	reflecting	it	in	(a) shape

wielkiego	jasnego	kwadratu	na	przeciwległej	ścianie.	Ale
big	clear	square	on	(the) opposite	wall	But

ten	kwadrat	zbliżał	się	powoli	do	skrzypiec	i	w	końcu
this	square	approached	itself	slowly	to	(the) violin	and in		(the) end

oświetlił	je	zupełnie.
illuminated	it	altogether

Wówczas w   ciemnej głębi wydawało się, jakby od nich
Then   in (the) dark depth (it) seemed itself like   from it

biła   światłość   srebrna;   szczególniej   wypukłe   zgięcia
beat   (a) light   silver   especially   (the) plump bends
(shone)

oświecone   były   tak   mocno,   że   Janek   ledwie   mógł
lit up   were   so   heavy   that Janek   barely   could
                              (strongly)

patrzeć   na   nie.
look   at   it

W   onym   blasku   widać   było   wszystko   doskonale: wcięte
In   (the) sharp glare   visible   was   everything   perfectly   indented
     [the light   ]

boki,   struny   i   zagiętą   rączkę.
sides   strings   and (the) folded   handle
         (the snares)

Kołeczki   przy   niej   świeciły   jak   robaczki   świętojańskie,   a
(The) Pegs   with   her   shone   as   worms   (of) midsummer   and
        (of)   (it)   [fireflies   ]

wzdłuż   zwieszał   się   smyczek   na   kształt   srebrnego   pręta...
along   hung   itself   (the) bow   in   (the) shape   (of a) silver   rod

Ach!   Wszystko   było   śliczne   i   prawie   czarodziejskie;
Ah   All   was   pretty   and   almost   enchanting

Janek   też   patrzył   coraz   chciwiej.   Przykucnięty   w
Janek   still   looked   more and more   greedy   Squatting   in

łopuchach,   z   łokciami   opartymi   o   chude   kolana,   z
(the) burdock   with   (the) elbows   based   on   (the) skinny   knees   with

otwartymi   ustami   patrzył   i   patrzył.
open   lips   watched   and watched

To   strach   zatrzymywał   go   na   miejscu,   to   jakaś
Then   fear   halted   him   in   place   then some

nieprzezwyciężona   chęć   pchała   go   naprzód.   Czy   czary
insurmountable   desire pushed   him   forward   (Were) Those spells

jakie,   czy   co? ...
some   or   what

Ale   te   skrzypce   w   jasności   czasem   zdawały   się
But   this   violin   with   brightness at times seemed   itself

przybliżać,   jakoby   płynąc   ku   dziecku...   Chwilami
(to) zoom in   as if   floating towards (the) child   Sometimes

przygasały,   aby   znowu   rozpromienić   się   jeszcze   bardziej.
faded   to   again   shine up   itself even   more

Czary, wyraźne czary! Tymczasem wiatr powiał;
Spells clearly spells Meanwhile (the) wind blew

zaszumiały cicho drzewa, załopotały łopuchy, a Janek
rustled softly (the) trees waved (the) wild thistles and Janek

jakoby wyraźnie usłyszał:
as if clearly heard

"Idź, Janku! W kredensie nie ma nikogo... Idź, Janku! ..."
Go Janek Into (the) pantry not has nobody Go Janek
(there is)

Noc była widna, jasna.
Night was bright clear

W   ogrodzie   dworskim   nad   stawem   słowik   zaczął   śpiewać
In   (the) garden   (of the) mansion   by   (the) pond   (a) nightingale   began   to sing

i   pogwizdywać   cicho,   to   głośniej: Idź!   Pójdź!   Weź!   Lelek
and to whistle   softly   then   louder   Go   Come   Take   Wood-owl
(A wood-owl)

poczciwy   cichym   lotem   zakręcił   się   koło   głowy   dziecka   i
honest   quiet   flew   turned   itself   circle   (over) head   (of) child   and
[in a circle over the   head of the child]

zawołał: Janku,   nie!   Nie!   Ale   lelek   odleciał,   a   słowik
exclaimed   Janek   no   No   But   (the) wood-owl departed   the   nightingale
(Do not)

został   i   łopuchy   coraz   wyraźniej   mruczały:
stayed   in   (the) burdocks more and more clearly   murmured

Tam   nie   ma   nikogo!   Skrzypce   rozpromieniły   się   znowu...
There   not   has   no one   Violin   shone up   itself   again
(is)   (The violin)

Biedny,   mały,   skulony   kształt   z   wolna   i   ostrożnie
Poor   small   hunched   shape   with   slowness   and   caution
(The poor)

posunął   się   naprzód,   a   tymczasem   słowik   cichuteńko
went   itself   forward   and   in the meantime   (the) nightingale quietly

pogwizdywał: *Idź!*   *Pójdź!*   *Weź!*
whistling   Go   Go in   Take

Biała   koszula   migotała   coraz   bliżej   drzwi   kredensowych.
White   shirt   flickered   getting   closer   (to the) doors   (of the) pantry
(The white)

Już   nie   okrywają   jej   czarne   łopuchy.   Na   progu
Already   not   enveloped   her   (the) black   wild thistles   On   (the) threshold
(it)

kredensowym   słychać   szybki   oddech   chorych   piersi
(of the) pantry   was heard   (the) fast   breath   (of the) sick   breast

dziecka.   Chwila   jeszcze,   biała   koszulka   znikła,   już   tylko
(of the) child   Pausing   even   (the) white t-shirt   disappeared   already   only

jedna   bosa   nóżka   wystaje   za   progiem.
one   bare   foot   sticking   out   (of the) threshold

Na   próżno,   lelku,   przelatujesz   jeszcze   raz   i   wołasz:
In   vain   (the) wood-owl   flies   another   time   and   cries

Nie! Nie! Janek   już   w   kredensie.
No   Do not   Janek   now   in   (the) pantry

Zarzechotały   zaraz   ogromnie   żaby   w   stawie   ogrodowym,
Croaked   right then   (the) enormous   frogs   in   (the) pond   (of the) garden

jak   gdyby   przestraszone,   ale   potem   ucichły.   Słowik
as if   would be   scared   but   then   grew quiet   Nightingale
(The nightingale)

przestał   pogwizdywać,   łopuchy   szemrać.   Tymczasem   Janek
stopped   to whistle   (the) wild thistles   to rustle   Meanwhile   Janek

czołgał   się   cicho   i   ostrożnie,   ale   zaraz   go   strach
crawled   himself   quietly   and   carefully   but   right then   him   fear
()

ogarnął.
seized

W łopuchach czuł się jakby u siebie, jak dzikie
In (the) wild thistles (he) felt himself like with himself as (a) wild

zwierzątko w zaroślach, a teraz był jak dzikie
animal in (the) undergrowth but now (it) was as if (the) wild

zwierzątko w pułapce. Ruchy jego stały się nagłe,
animal (is) in (a) trap Moves him became itself sudden

oddech krótki i świszczący, przy tym ogarnęła go
(the) breath short and whistling with that overwhelmed him
[at that moment]

ciemność.
(the) darkness

Cicha letnia błyskawica, przeleciawszy między wschodem i
Quiet summer lightning flying between East and
(A quiet) (flashing)

zachodem, oświeciła raz jeszcze wnętrze kredensu i
West lit up once even (the) interior (of the) pantry and

Janka na czworakach przed skrzypcami z głową zadartą
Janka on (all) fours before (the) violin with head upturned

do góry.
to (the) top
[upwards]

Ale błyskawica zgasła, księżyc przesłoniła chmurka i nic
But   lightning   extinguished Moon   was obscured by (a) cloud and nothing
                                  (The moon)

już nie było widać ani słychać.
already not was visible or heard
()

Po chwili dopiero z ciemności wyszedł dźwięk cichutki i
After time only with dark came out (a) sound slight and

płaczliwy, jakby ktoś nieostrożnie strun dotknął i nagle...
plaintive as if someone carelessly string touched and suddenly

Gruby jakiś, zaspany głos, wychodzący z kąta kredensu
Rough somewhat sleepy voice went out from (the) corner (of the) pantry
(A rough)

spytał gniewliwie:
asked testily

"Kto   tam?"
Who   (is) there

Janek   zataił   dech   w   piersiach,   ale   gruby   głos   spytał
Janek   concealed   (his) breath   in   (the) chest   but   (the) rough   voice   asked

powtórnie:
again

"Kto   tam?"
Who   (is) there

Zapałka   zaczęła   migotać   po   ścianie,   zrobiło   się   widno,
Match   began   to flicker   on   (the) wall   uncovered   itself   (a) light
(A match)

a   potem...   Eh!   Boże!   Słychać   klątwy,   uderzenia,   płacz
and   then   Eh   God   Heard   curses   beating   cry

dziecka,   wołanie: O!   Dlaboga!
(of a) child   exclamation   O   For god
                                    (For God's sake)

Szczekanie   psów,   bieganie   świateł   po   szybach,   hałas   w
Barking   dogs   running   lights   on   (the) windows   noise   in

całym   dworze...
(the) whole   mansion

Na   drugi   dzień   biedny   Janek   stał   już   przed   sądem   u
On   (the) next   day   poor   Janek   stood   already   before   (the) court   with

wójta.
(the) mayor

Mieli-ż   go   tam   sądzić   jako   złodzieja? ...   Pewno.
Had   him   there   judge   as   (a) thief   Sure
(Would they) then   (Of course)

Popatrzyli na niego wójt i ławnicy, jak stał przed nimi
Looked at him (the) mayor and (the) jurors as (he) stood before them

z palcem w gębie, z wytrzeszczonymi, zalękłymi oczyma,
with (a) finger in (the) mouth with bulging terrified eyes

mały, chudy, zamorusany, obity, niewiedzący, gdzie jest i
small skinny starving beaten not knowing where (he) is and

czego od niego chcą?
what of him (they) want

Jakże tu sądzić taką biedę, co ma lat dziesięć i
How here to judge such misery what has years ten and
(who)

ledwo na nogach stoi? Do więzienia ją posłać czy
barely on (the) legs stands To (the) prisons her send or
(it)

jak? ...
as
(what)

Trzeba-ż **przy** **tym** **mieć** **trochę** **miłosierdzia** **nad** **dziećmi.**
Necessary well before this   to have a little kind-heartedness on (the) children
[at the   same time]   (mercy)

Niech **go** **tam** **weźmie** **stójka,** **niech** **mu** **da** **rózgą,**
Let   him there will   guard   let   him give rod
(a flogging)

żeby **na** **drugi** **raz** **nie** **kradł,** **i** **cała** **rzecz.**
so that on second time not stole also whole thing
(would steal) (any)

"Bo **pewno!"**
Cause sure

Zawołali **Stacha,** **co** **był** **stójką:**
Called for Stach   what was (the) guard
(They called for)   (who)

"Weź **go** **ta** **i** **daj** **mu** **na** **pamiątkę."**
Take him this and give him on (a) souvenir

Stach **kiwnął** **swoją** **głupowatą,** **zwierzęcą** **głową,** **wziął**
Stach   nodded   his   dumb   animal   head   (he) took

Janka **pod** **pachę,** **jakby** **jakiego** **kociaka,** **i** **wyniósł** **ku**
little Janek   under   (his) arm   like   whatever   kitten   also   was   to

stodółce.
(the) barn

Dziecko, **czy** **nie** **rozumiało,** **o** **co** **chodzi,** **czy** **się**
Child   whether   not   (he) understood   about   what   (the) thing   or whether   himself
(The child)

zalękło, **dość** **że** **nie** **ozwało** **się** **ni** **słowem,** **patrzyło**
frightened   did   that   not   was heard   itself   not   (a) word   (he) looked
(acted)

tylko, **jakby** **patrzył** **ptak.** **Albo** **on** **wie,** **co** **z** **nim**
only   like   (a) watching   bird   Or   he   knows   what   with   him

zrobią?
done
(will happen)

Dopiero   jak   go   Stach   w   stodole   wziął   garścią,
Only   as   him Stach in (the) barn took   (the) handful

rozciągnął   na   ziemi   i   podgiąwszy   koszulinę   machnął   od
spread   on   (the) ground and turning up   (the) shirt   waved   from
(spread him)   [a full
ucha,   dopieroż   Janek   krzyknął:
ear   only then   Janek   shouted
blow]

"Matulu!",   i   co   go   stójka   rózgą,   to   on: "Matulu!
Mammie   and what him (the) guard hit   then he   Mammie
                      (when)
Matulu!",   ale   coraz   ciszej,   słabiej,   aż   za   którymś   razem
Mammie   but   what-time quieter   weakly   until after which   totally
                  (more and more)
ucichło   dziecko   i   nie   wołało   już   matuli...
subsided (the) child and not   cried   already mammie
                                         (anymore)

Biedne,   potrzaskane   skrzypki! ...
Poor   shattered   fiddle

Ej,   głupi,   zły   Stachu!   Któż   tak   dzieci   bije?   Toż   to
Hey   dumb   angry Stach   Who   so   children beats   Also   then
                                      (in such a manner)

małe   i   słabe   i   zawsze   było   ledwie   żywe.
small   and weak   and always   was   barely   alive

Przyszła   matka,   zabrała   chłopaka,   ale   musiała   go
Came   (the) little mother   took   (the) boy   but   had   him

zanieść   do   domu...
to carry   to   home

Na   drugi   dzień   nie   wstał   Janek,   a   trzeciego   wieczorem
On   other   day   not   rose   Janek   and   third   evening
(the next)   (on the third)

konał   już   sobie   spokojnie   na   tapczanie   pod   zgrzebnym
(he) died   already   himself   quietly   on   (the) plank cot   under   (the) hemp

kilimkiem.
mat

Jaskółki   świergotały   w   czereśni,   co   rosła   pod   przyzbą;
Swallows   chirped   in   cherries   which   grew   under   (the) cottage
(the cherry tree)   (at)

promień   słońca   wchodził   przez   szybę   i   oblewał   jasnością
rays   (of the) sun   entered   through   (the) glass   and   drenched   (with) brightness

złotą,   rozczochraną   główkę   dziecka   i   twarz,   w   której   nie
gold   (the) unkempt   head   (of the) child   and   (the) face   in   which   not

zostało   kropli   krwi.
remained   (a) drop   (of) blood

45 Janko Muzykant

Ów promień był niby gościńcem, po którym mała dusza
That ray was like (a) highway on which (the) small soul

chłopczyka miała odejść. Dobrze, że choć w chwilę
(of the) little boy had to leave Good that though in a moment

śmierci odchodziła szeroką, słoneczną drogą, bo za
the death peeling wide sunny path because after

życia szła po prawdzie ciernistą.
life went like truly thorny
(a thorny path)

Tymczasem wychudłe piersi poruszały się jeszcze
Meanwhile skinny breast moved itself still
(the emaciated)

oddechem, a twarz dziecka była jakby zasłuchana w te
breathing and (the) face (of the) child was like inspired in the
(absorbed)

odgłosy wiejskie, które wchodziły przez otwarte okno.
noise rural which came in through (the) open window

Był to wieczór, więc dziewczęta wracające od siana
Was then evening so (the) girls returning from hay
(It was) (hay-making)

śpiewały: Oj, na zielonej, na runi! , a od strugi
sang Oj on (the) green on (the) sward and from (the) stream

dochodziło granie fujarek. Janek wsłuchiwał się ostatni
occurred playing of pipes Janek listened himself (a) last

raz, jak wieś gra... Na kilimku przy nim leżały jego
time as (the) village played On (the) little mat with him lay the

skrzypki z gonta.
fiddle from shingle

Nagle twarz umierającego dziecka rozjaśniła się, a z
Then (the) face (of the) dying child lit up itself and from

bielejących warg wyszedł szept:
(the) whitening lips came out (the) whisper

Matulu? ...
Mammie

"Co,   synku?" ,   ozwała   się   matka,   którą   dusiły   łzy...
What   sonny   exclaimed   itself   (the) little mother   whom   choked   (the) tears

"Matulu,   Pan   Bóg   mi   da   w   niebie   prawdziwe   skrzypki?"
Mammie   Lord   God   to me   gives   in   heaven   (a) real   fiddle

"Da   ci,   synku,   da!",   odrzekła   matka;
Gives   you   sonny   gives   said   (the) little mother
(He will give)   (he will give)

ale   nie   mogła   dłużej   mówić,   bo   nagle   z   jej   twardej
but   not   (she) could   any longer   speak   because   suddenly   from   her   hard

piersi   buchnęła   wzbierająca   żałość,   więc   jęknąwszy   tylko:
breast   burst   (the) gathering   sorrow   so   (she) groaned   only

O   Jezu!   Jezu!   ,   padła   twarzą   na   skrzynię   i   zaczęła
Oh   Jesus   Jesus   fell   face   on   chest   and   started

ryczeć,   jakby   straciła   rozum   albo   jak   człowiek,   co   widzi,
to roar   like   (she) lost   reason   or   as   (a) person   that   sees

że   od   śmierci   nie   wydrze   swego   kochania...
that   from   death   not   wrests   her   love

Jakoż   nie   **wydarła**   go,   bo   gdy   **podniósłszy**   **się**   znowu
In fact   not   (she) tore   it   because   when   (she) lifted   herself   again

spojrzała   na   dziecko,   oczy   **małego**   grajka   **były**   otwarte
looked   at   (the) child   (the) eyes   (of the) small   musician   were   open

wprawdzie,   ale   nieruchome,   twarz   **zaś**   **poważna**   bardzo,
indeed   but   not moving   (the) face   too   serious   very
                  (fixed)

mroczna   i   **stężała**.
dark   and concentrated
(gloomy)

Promień   **słoneczny**   odszedł   także...
Rays   sunny   had gone   also

Pokój   ci,   **Janku!**
Peace   for you   Janko

Nazajutrz   powrócili   **państwo**   do   dworu   z   **Włoch**   wraz   z
Next day   returned   lordship   to   (the) mansion   from Italy   together   with
                         (their lordships)

panną   i   **kawalerem,**   co   **się**   o   **nią**   **starał.**   Kawaler
(the) young lady   and   (a) cavalier   what   himself   about   her   tried   Cavalier
                   [who   courted   her   ]

mówił:
said

"Quel   beau   pays   que   l'Italie."
What   beautiful   country   that   the Italy
(*French*)   (that is)

"I   co   to   za   lud   artystów.   On   est   heureux   de
And   what   then   for   people   (of) artists   One   is   happy   of

chercher   lŕ-bas   des   talents   et   de   les   protéger...",   **dodała**
to search   there down of the   talents   and   of   them   to protect   added

panna.
(the) lady

51 Janko Muzykant

Nad **Jankiem** **szumiały** **brzozy...**
Above   Janko   rustled   (the) birches

Bolesław   Prus
Bolesław   Prus

Kamizelka
(The) Vest

Niektórzy	ludzie	**mają**	**pociąg**	do	zbierania	osobliwości
Some	people	have	drawing	to	collecting	peculiarities
		[are drawn]				

kosztowniejszych	lub	mniej	kosztownych,	na	jakie	kogo
more costly	or	less	costly	on	what	who
				(for)		

stać.	Ja	**także**	posiadam	zbiorek,	lecz	skromny,	jak
(can) afford	I	also	am in possession	(of) collections	however	humble	(as) like

zwykle	w	**początkach.**
usual	in	beginnings
		(the beginning)

Jest	tam	mój	dramat,	który	**pisałem**	jeszcze	w
Is	there	my	drama	which	(I) wrote	(when) still	in
[There is]							

gimnazjum	na	lekcjach	**języka**	**łacińskiego...**
junior high school	on	lessons	language	Latin
				(in Latin class)

Jest   kilka   zasuszonych   kwiatów,   które   trzeba   będzie
Is   a few   dried up   flowers   which   have to   will be
[There are   a few]   [will have to   be]

zastąpić   nowymi,   jest...
replaced   (with) new   is

Zdaje   się,   że   nie   ma   nic   więcej   oprócz   pewnej   bardzo
Seems   itself   that   not   have   nothing   more   except   (a) certain   very
[It seems   there is   nothing more   ]

starej   i   zniszczonej   kamizelki.
old   and ruined   vest

Oto   ona.   Przód   spłowiały,   a   tył   przetarty.   Dużo   plam,
And here   she   (The) Front   faded   and   (the) backworn   Many   stains
(and here it is)

brak   guzików,   na   brzegu   dziurka,   wypalona   zapewne
lack of   buttons   on   (the) edge   (a) hole   burnt out   surely

papierosem.   Ale   najciekawsze   w   niej   są   ściągacze.   Ten,
(with a) cigarette   But   the most interesting   in   her   are   (the) drawstrings   This one
(it)

na   którym   znajduje   się   sprzączka,
on   which   finds   itself   (a) buckle
(is found)

jest   skrócony   i   przyszyty   do   kamizelki   wcale   nie   po
(it) is   shortened   and   sewn onto   to   (the) vest   at all   not   by
                                             [not at all   ]   [in a

krawiecku,   a   ten   drugi,   prawie   na   całej   długości,   jest
tailor-like   and   the   second   almost   on   (the) whole length   is
tailor-like fashion]

pokłuty   zębami   sprzączki.
poked   (with the) prongs (of the) buckle

Patrząc   na   to   od   razu   domyślasz   się,   że   właściciel
Looking   on   this   from   immediately (you) suspect   yourself   that   (the) owner
       (at)   ()

odzienia   zapewne   co   dzień   chudnął   i   wreszcie   dosięgnął
(of the) garment   surely   what   day   lost weight   and finally   reached
                   (each)

tego   stopnia,   na   którym   kamizelka   przestaje   być
this   level   on   which   (the) vest   stops   being
(the)   (at)

niezbędna,   ale   natomiast   okazuje   się   bardzo   potrzebny
necessary   but   on the other hand   (it) appears   itself   very   needed
                                                        [the frock   buttoned   up to the neck   added by the

zapięty   pod   szyję   frak   z   magazynu   pogrzebowego.
buttoned   under   (the) neck   frock   from warehouse   funeral
       funeral home   appears   to be   essential   ]

Wyznaję, że dziś chętnie odstąpiłbym komu ten szmat
(I) confess   that   today   gladly   (I) would give   someone   this   cloth

sukna, który mi robi trochę kłopotu. Szaf na zbiory
of wool   which   for me   makes   a bit   (of) trouble   Wardrobes   on   collections
(wooden cloth)   [I do not   have   wardrobes

jeszcze nie mam, a nie chciałbym znowu trzymać
yet   not   have   and   not   would want   again   (to) hold
   for my   collections   yet]   (keep)

chorej kamizelczyny między własnymi rzeczami.
sick   vest   between   (my) own   things
(the sick man's)

Był jednak czas, żem ją kupił za cenę znakomicie
Was   indeed   (a) time   that I   her   bought   for   (a) price   significantly
(there was)   (archaic)   (it)

wyższą od wartości, a dałbym nawet i drożej, gdyby
higher   than   (it's) worth   and   (I) would give   even   and   more dear   if would

umiano się targować.
(I) had known how   myself   to bargain

Człowiek miewa w życiu takie chwile, że lubi otaczać
(A) Person has in life such moments that (one) likes to surround
(from time to time)

się przedmiotami, które przypominają smutek.
oneself (with) objects which remind (of) sadness

Smutek ten nie gnieździł się we mnie, ale w
Sadness this no nest itself in me but in
(did not)

mieszkaniu bliskich sąsiadów. Z okna mogłem co dzień
(the) apartment (of) close neighbours From (the) window (I) could each day

spoglądać do wnętrza ich pokoiku.
look on into (the) interior (of) their room

Jeszcze w kwietniu było ich troje: pan, pani i mała
Still in April (there) was them three (a) man (a) woman and (a) young
(there were three of them)

służąca, która sypiała, o ile wiem, na kuferku za szafą.
maid who slept about how much know on (a) trunk behind (the) wardr
[for all I know]

Szafa była ciemnowiśniowa. W lipcu, jeżeli mnie pamięć
(The) wardrobe was dark cherry In July if me memory
[if memory serves me correctly

nie zwodzi, zostało ich tylko dwoje: pani i pan, bo
no deceive remained their only two woman and man because
] (the woman) (the man)

służąca przeniosła się do takich państwa, którzy płacili
(the) maid moved herself to such (a) couple who paid
()

jej trzy ruble na rok i co dzień gotowali obiady.
her three rubles on year and each day (they) cooked dinner
(per)

W październiku została już tylko - pani, sama jedna.
In October remained already only (the) woman alone one

To jest niezupełnie sama, ponieważ w pokoju znajdowało
This is not completely alone because in (the) room was found
(That) (there was)

się jeszcze dużo sprzętów:
itself still many (pieces of) paraphernalia

dwa   łóżka,   stół,   szafa...   Ale   na   początku   listopada
two   beds   (a) table   (a) wardrobe   But   on   (the) beginning   (of) November
(at)

sprzedano   z   licytacji   niepotrzebne   rzeczy,   a   przy   pani
was   from auction   unnecessary   things   and   by   (the) woman
(were) sold   (auctioned off)

ze   wszystkich   pamiątek   po   mężu   została   tylko   kamizelka,
out of   all   memorabilia   after   (her) husband remained   only   (the) vest

którą   obecnie   posiadam.
which   currently   (I) possess

Lecz   w   końcu   listopada   pewnego   dnia   pani   zawołała
Yet   in   (the) end   (of) November   (on a) certain   day   (the) woman called
(at)

do   pustego   mieszkania   handlarza   starzyzny   i   sprzedała
to   (the) empty   apartment   (a) dealer   (of) junk   and   sold

mu   swój   parasol   za   dwa   złote   i   kamizelkę   po   mężu
him   her   umbrella   for   two   zlote   and (the) vest   after   (her) husband
(her husband's \

za   czterdzieści   groszy.   Potem   zamknęła   mieszkanie   na
for   forty   groszy   After   (she) closed   apartment   on
(Then)   [she locked the   apartment door

klucz,
(a) key
]

powoli   przeszła   dziedziniec,   w   bramie   oddała   klucz
slowly   (she) walked across (the) courtyard   in   (the) gate   (she) returned   (the) key
                                                (at)

stróżowi,   chwilę   popatrzyła   w   swoje   niegdyś   okno,   na
(to the) guard   (for a) moment (she) looked   in   her   once   window   on
                                              (at)

które   padały   drobne   płatki   śniegu,   i - znikła   za   bramą.
which   were falling   small   flakes   (of) snow   and   disappeared behind   (the) gate

Na   dziedzińcu   został   handlarz   starzyzny.   Podniósł   do
On   (the) courtyard   stayed   (the) merchant   (of) junk   (He) lifted   to
(In)

góry   wielki   kołnierz   kapoty,   pod   pachę   wetknął   dopiero
up   (the) great   collar   (of the) coat   under   (his) armpit (he) stuck   (the) recently
(he lifted up)

co   kupiony   parasol   i   owinąwszy   w   kamizelkę   ręce
what   bought   umbrella   and   having wrapped   in   (the) vest   (his) hands

czerwone   z   zimna,   mruczał:
red   from (the) cold   murmured

"Handel, panowie... handel! ..."
Trade   men   trade

Zawołałem go.
(I) called him

"Pan   dobrodziej   ma   co   do   sprzedania?" ,   zapytał
Sir   benefactor   has what to   sell   (He) asked
                          (something)
wchodząc.
walking in

"Nie, chcę od ciebie coś kupić."
No   (I) want from you   something to buy

"Pewnie wielmożny pan   chce   parasol? ..." ,   odparł   handlarz.
Surely   (the) illustrious Sir   wants (the) umbrella   deflected (the) merchant

Rzucił na ziemię kamizelkę, otrząsnął śnieg z kołnierza
(He) threw on (the) ground (the) vest   shook   (the) snow off of (his) collar

i z wielką usilnością począł otwierać parasol.
and with great strain   started opening (the) umbrella

"A fajn mebel! ...", mówił. "Na taki śnieg to tylko taki
Ah nice piece (he) said On this kind of snow it only this kind of
(of furniture) [For this type of snow only this type of umbrella

parasol... Ja wiem, że wielmożny pan może mieć
umbrella I know that (the) illustrious Sir can have
will do]

całkiem jedwabny parasol, nawet ze dwa. Ale to dobre
(a) completely (made of) silk umbrella even about two But it is good

tylko na lato! ..."
only on summer
(for)

"Co chcesz za kamizelkę?" , spytałem.
What (do you) want for (the) vest (I) asked

"Jake kamyzelkie? ...", odparł, zdziwiony, myśląc zapewne
What vest (he) deflected surprised thinking surely

o swojej własnej.
about his own

Ale   wnet   opamiętał   się   i   szybko   podniósł   leżącą   na
But   before long   rethought   himself   and   quickly   lifted   (the one) laying on
                    [came to his senses]

ziemi.
(the) ground

"Za   te   kamyzelkie?   ...   Pan   dobrodziej   pyta   się   o   te
For   this   vest   Sir   benefactor   asks   himself   about   this

kamyzelkie?   ..."
vest

A   potem,   jakby   zbudziło   się   w   nim   podejrzenie,   spytał:
And   after   as if   awakened   itself   in   him   (a) suspicion   (he) asked

"Co   wielmożnego   pana   po   take   kamyzelkie?   !..."
What   (the) illustrious   Sir   after   such   (a) vest
[What   does the illustrious Sir want such a   vest for   ]

"Ile   chcesz   za   nią?"
How much want   for   her
       (do you want)   (it)

Handlarz   błysnęły   żółte   białka,   a   koniec   wyciągniętego
Of merchant   lit up   (the) yellow whites   and   (the) end   (of his) stretched out
[The   merchant's   yellow whites of his eyes lighted up]

nosa   poczerwieniał   jeszcze   bardziej.
nose   reddened   even   more

"Da   wielmożny   pan...   rubelka!",   odparł   roztaczając   mi
(Will) give   (the) illustrious   Sir   (a) rubel   deflected   laying out   for me

przed   oczyma   towar   w   taki   sposób,   ażeby   okazać
in front of   (my) eyes   (the) goods   in   such   (a) way   in order to   illustrate

wszystkie   jego   zalety.
all   its   virtues

"Dam   ci   pół   rubla."
(I) will give   you   half   (a) rubel

"Pół   rubla?   ...   taki   ubjór?   ...   To   nie   może   być!",   mówił
Half   (a) rubel   (for) such   (a) garment   It   not   can   be   said

handlarz.
(the) dealer

"Ani   grosza   **więcej.**"
Not   (a) grosz   more

"Niech   **wielmożny**   pan   **żartuje**   zdrów! ...",   rzekł   klepiąc
May   (the) illustrious   Sir   joke   in health   (he) exclaimed patting

mnie   po   ramieniu.   "Pan   sam   wi,   co   taka   rzecz   jest
me   after   (the) shoulder   Sir   alone   knows   what   such   (a) thing   is
    (on)   (yourself)

warta.   To   przecie   nie   jest   ubjór   na   **małe**   dziecko,   to
worth   It   of course   no   is   (a) garment   on   (a) small   child   it
                     (not)   (for)

jest   na   **dorosłe**   osoby..."
is   on   adult   person
 (for)

"No,   **jeżeli**   nie   **możesz**   oddać   za   **pół**   rubla,   to   **już**
Well   if   not   (you) can   give   for   half   (a) rubel   then   already

idź.   Ja   **więcej**   nie   dam."
go   I   more   no   (will) give
   [I will not give more   ]

"Ino niech się pan nie gniewa!", przerwał mięknąc. "Na
Only may yourself Sir no be angry (He) interrupted softening On
(archaic) (not)

moje sumienie, za pół rubelka nie mogę, ale ja zdaję
my conscience for half (a) little rubel not can but I rely
[I can not] [I trust your

się na pański rozum... Niech pan sam powie: co to
myself on your logic May you yourself say what this
logic] (formal)

jest wart, a ja się zgodzę! ... Ja wolę dołożyć, byle
is worth and I myself will agree I prefer to add money as long as

to się stało, co pan chce."
this itself happens what (does) Sir want

"Kamizelka jest warta pięćdziesiąt groszy, a ja ci daję
(The) Vest is worth fifty groszy and I (to) you give

pół rubla."
half (a) ruble

"Pół rubla? ... Niech będzie już pół rubla! ...", westchnął
Half (a) ruble   May   (it) be   already half (a) ruble   (he) sighed

wpychając mi kamizelkę w ręce. "Niech będzie moja
shoving   me (the) vest   in hands   May   it be   my

strata, byle ja z gęby nie robił... ten wjatr! ..."
loss   as long as I from (my) mouth no make this wind
                                  (not)

I wskazał ręką na okno, za którym kłębił się tuman
And (he) pointed (with his) hand on (the) window behind which   billowed itself (a) cloud
              (at)   ()
śniegu.
(of) snow

Gdym sięgnął po pieniądze, handlarz, widocznie coś
When I reached after (the) money (the) dealer apparently something
(archaic)   (for)

przypomniawszy sobie, wyrwał mi jeszcze raz kamizelkę
remembered   himself ripped me still   once (the) vest
                                  (from me)   (again)

i począł szybko rewidować jej kieszonki.
and started quickly checking its pockets

"Czegóż   ty   tam   szukasz?"
What   you there are looking for
(archaic)

"Możem   co   zostawił   w   kieszeni,   nie   pamiętam!",   odparł
Maybe I what left   in (the) pocket no remember   (He) deflected
(archaic) (something)   (I do not remember)

najnaturalniejszym   tonem,   a   zwracając   mi   nabytek   dodał:
in the most natural   tone   and returning (to) me (the) purchase (he) added

"Niech   jaśnie   pan   dołoży   choć   z   dziesiątkę!   ..."
May   honourably You add   at least about (a) ten
                    (Sir)

"No,   bywaj   zdrów!",   rzekłem   otwierając   drzwi.
Well   be   healthy   (I) exclaimed opening   (the) door

"Upadam   do   nóg! ...   Mam   jeszcze   w   domu   bardzo
(I am) falling   to   (your) feet   (I) have   still   in   home   (a) very
                                                              (at)

porządne   futro..."
good quality   fur

I   jeszcze   zza   progu,   wytknąwszy   głowę,   zapytał:
And still   from behind threshold   poking   (his) head   (he) asked
              (the threshold)   (in)

"A   może   wielmożny   pan   każe   przynieść   serki
And   maybe   (the) illustrious   Sir   demands   to bring   cheese

owczych? ..."
(from) goat

W   parę   minut   znowu   wołał   na   podwórzu: "Handel!
In   a few   minutes   again   (he was) calling on   (the) yard   Trade
                                    (in)

handel! ..."   a   gdym   stanął   w   oknie,   ukłonił   mi   się   z
Trade   and   when I   stood   in   (the) window   (he) bowed(to) me   himself with
                (archaic)

przyjacielskim   uśmiechem.
(a) friendly   smile

Śnieg **zaczął** **tak** **mocno** **padać,** **że** **prawie** **zmierzchło**
Snow started so hard falling that almost turned to dusk

się. **Położyłem** **kamizelkę** **na** **stole** **i** **począłem** **marzyć**
itself (I) laid down (the) vest on (the) table and started dreaming

to **o** **pani,** **która** **wyszła** **za** **bramę** **nie** **wiadomo** **dokąd,**
this about (the) lady who left behind (the) gate not knowing where to
[who knows where]

to **o** **mieszkaniu** **stojącym** **pustką** **obok** **mego,** **to** **znowu**
this about (the) apartment standing with emptiness next to mine this again

o **właścicielu** **kamizelki,** **nad** **którym** **coraz** **gęstsza**
about (the) owner (of the) vest above which (an) even thicker

warstwa **śniegu** **narasta...**
layer (of) snow grows

Jeszcze **trzy** **miesiące** **temu** **słyszałem,** **jak** **w** **pogodny**
Still three months ago (I) heard how in (a) bright
(on)

dzień **wrześniowy** **rozmawiali** **ze** **sobą.**
day (in) September (they) were speaking with each other

W maju pani raz nawet nuciła jakąś piosenkę, on
In May (the) lady once even was humming some kind of song he

śmiał się czytając "Kuriera Świątecznego." A dziś...
laughed himself crying out Courier Christmas And today
() [Christmas carollers]

Do naszej kamienicy sprowadzili się na początku
To our building (they) moved themselves on (the) beginning
(at)

kwietnia. Wstawali dość rano, pili herbatę z blaszanego
(of) April (They) woke up quite early (they) drank tea from (a) tin

samowaru i razem wychodzili do miasta. Ona na
samovar and together went out to town She on
(to)

lekcje, on do biura.
lessons he to (the) office
(school)

Był to drobny urzędniczek, który na naczelników
(He) Was this (a) good office worker who on (the) heads
(at)

wydziałowych patrzył z takim podziwem jak podróżnik na
(of the) departments looked with such awe as (a) tourist on
(at)

Tatry. Za to musiał dużo pracować po całych dniach.
Tatra For this (he) had to a lot work after whole days
(the Tatra mountains) (for)

Widywałem nawet go i o północy, przy lampie, zgiętego
(I) saw even him and about midnight by (the) lamp bent over
(at)

nad stolikiem.
above (the) little table
(at)

Żona zwykle siedziała przy nim i szyła. Niekiedy
(His) wife usually sat by him and sewed Sometimes

spojrzawszy na niego przerywała swoją robotę i mówiła
glancing on him (she) interrupted her work and spoke
(at)

tonem upominającym:
(in a) tone reprimanding

"No, już dość będzie, połóż się spać."
Well already enough it will be lay yourself to sleep

"A   ty   kiedy   pójdziesz   spać? ..."
And you when   will go   to sleep

"Ja...   jeszcze   tylko   dokończę   parę   ściegów..."
I   still   only   will finish a few stitches

"No...   to   i   ja   napiszę   parę   wierszy..."
Well   then and I   will write a few poems

Znowu   oboje   pochylali   głowy   i   robili   swoje.   I   znowu
Again   (they) both bowed (their) heads and were doing theirs And again
                                                         (their own thing)

po   niejakim   czasie   pani   mówiła:
after somewhat of a time (the) lady was saying

"Kładź   się! ...   Kładź   się! ..."
Lay down yourself   Lay down yourself

Niekiedy   na   jej   słowa   odpowiadał   mój   zegar   wybijając
Sometimes   on   her   words   answered   my   clock   striking

pierwszą.
one

Byli   to   ludzie   młodzi,   ani   ładni,   ani   brzydcy,   w   ogóle
Were   this   people   young   neither   good looking nor   ugly   in   general
(They were)

spokojni.   O   ile   pamiętam,   pani   była   znacznie
calm   About   how much   remember   (the) lady   was   significantly
[For   all I   know]

szczuplejsza   od   męża,   który   miał   budowę   wcale   tęgą.
thinner   from   (her) husband who   had   (a) build   not at all   heavy
(than)

Powiedziałbym,   że   nawet   za   tęgą   na   tak   małego
(I) would say   that   even   for   heavy   on   such   (a) small
(one)   (for)

urzędnika.
office worker

Co niedzielę około południa wychodzili na spacer
Each Sunday around noon (they) were going out on (a) walk

trzymając się pod ręce i wracali do domu późno
holding each other under hands and were coming back to home late
[arm in arm]

wieczór. Obiad zapewne jedli w mieście. Raz spotkałem
evening Dinner surely (they) ate in town Once (I) met

ich przy bramie oddzielającej Ogród Botaniczny od
them by (the) gate separating Garden Botanical from

Łazienek.
Lazienki Park
(the largest park in Warsaw)

Kupili sobie dwa kufle doskonałej wody i dwa duże
(They) bought themselves two mugs (of) excellent water and two big

pierniki, mając przy tym spokojne fizjognomie mieszczan,
gingerbread cookies having by this (the) calm physiognomy (of) townspeople
[while doing this]

którzy zwykli jadać przy herbacie gorącą szynkę z
who are used to eating by tea (and) hot ham with

chrzanem.
horseradish

W   ogóle   biednym   ludziom   niewiele   potrzeba   do
In   general   poor   people   not much   (is) needed to
                                                                (for)

utrzymania   duchowej   równowagi.   Trochę   żywności,   dużo
maintaining   spiritual   balance   A little   food   a lot of

roboty   i   dużo   zdrowia.   Reszta   sama   się   jakoś   znajduje.
work   and a lot of   health   (The) Rest   alone   itself   somehow   finds

Moim   sąsiadom,   o   ile   się   zdaje,   nie   brakło   żywności,
My   neighbours   about   how much itself   seems   no   lacking   food
                               [for   all I   know]   [were not lacking food and surely not work

a   przynajmniej   roboty.   Ale   zdrowie   nie   zawsze   dopisywało.
and   at least   work   But   health   no   always   good
                      ]   (was not)

Jakoś   w   lipcu   pan   zaziębił się,   zresztą   nie   bardzo.
Somehow   in   July   (the) man   got chilled himself although   no   very
                                      (caught a cold)   (not)   (very bad)

Dziwnym jednak zbiegiem okoliczności dostał jednocześnie
(In a) Strange   however   alignment   (of) circumstances (he) got   simultaneously
(a coincidence)

tak silnego krwotoku, że aż stracił przytomność.
such (a) strong hemorrhage   that even (he) lost consciousness

Było to już w nocy. Żona, utuliwszy go na łóżku,
Was   it already in night   (The) wife having snuggled him on   (the) bed
[It was at night   ]

sprowadziła do pokoju stróżową, a sama pobiegła po
brought   to (the) room (the) custodian's wife and (she) alone ran   after
(to get)

doktora. Dowiadywała się o pięciu, ale znalazła ledwie
(the) doctor   (She) was finding out herself about five   but   (she) found barely
(she had found out about five)

jednego, i to wypadkiem, na ulicy.
one   and it accidentally   on   (the) street
(doctor)   (in)

Doktór, spojrzawszy na nią przy blasku migotliwej latarni,
(The) Doctor glancing   on her by (the) glow (of the) blinking street light
(at)

uznał za stosowne ją przede wszystkim uspokoić.
deemed as appropriate her first of all   to calm down
(it to be)

A poniewaź chwilami zataczała się, zapewne ze
And because at times (she) was wobbling herself surely from

zmęczenia, a dorożki na ulicy nie było, więc podał jej
tiredness and cab on (the) street no was so (he) gave her
[there was no cab in the street]

rękę i idąc tłumaczył, że krwotok jeszcze niczego nie
(his) hand and walking was explaining that (a) hemorrhage yet nothing no
(does not)

dowodzi.
prove

"Krwotok może być z krtani, z nosa, z płuc rzadko
(A) hemorrhage can be from (the) larynx from (the) nose from (the) lungs rarely

kiedy. Zresztą, jeżeli człowiek zawsze był zdrów, nigdy
when Besides if (a) person always was healthy never
[was never

nie kaszlał..."
no was coughing
coughing]

"O,   tylko   czasami!",   **szepnęła**   pani   **zatrzymując**   **się**   dla
Oh   only   sometimes   (she) whispered   (the) lady   stopping   herself to

nabrania   tchu.
gather   breath

"Czasami?   To   jeszcze   nic.   **Może**   **mieć**   lekki   katar
Sometimes   That yet   nothing   Maybe   (he) has   (a) light   cold

oskrzeli."
(of the) bronchial passages

"Tak...   to   katar!",   **powtórzyła**   pani   **już**   **głośno.**
Yes   it   (a) cold   repeated   (the) lady   already loudly
                                                            (this time)

"Zapalenia   **płuc**   nie   **miał**   nigdy? ..."
Infection   (of the) lungs   no   had   never
[he has never had a   lung   infection   ]

"Owszem! ..." ,   **odparła**   pani,   znowu   **stając.**
Indeed   answered   (the) lady   again   stopping

Trochę się nogi pod nią chwiały.
A little   themselves legs   under   her   wobbled
                (her legs)

"Tak, ale zapewne już dawno? ...", pochwycił lekarz.
Yes   but   surely   already long ago   grasped   (the) doctor

"O, bardzo... bardzo dawno! ..." , potwierdziła z
Oh   very   very   long ago   (she) confirmed   with

pośpiechem. "Jeszcze tamtej zimy."
haste   Still   that   winter
              (last)

"Półtora roku temu."
One and a half years   ago

"Nie... Ale jeszcze przed Nowym Rokiem... O, już
No   But   still   before   New   Year   Oh   already

dawno!"
long ago

"A! ...   Jaka   to   ciemna   ulica,   a   w   dodatku   niebo   trochę
Ah   Such   this (a) dark   street   and in addition   (the) sky a little

zasłonięte...",   mówił   lekarz.
covered   said   (the) doctor
(clouded over)

Weszli   do   domu.   Pani   z   trwogą   zapytała   stróża: co
(They) entered to (the) house (The) Lady with apprehension asked   (the) custodian what

słychać?   i   dowiedziała   się,   że   nic.   W   mieszkaniu
hear   and (she) found out herself that nothing In (the) apartment
(what is going on)   ()

stróżowa   także   powiedziała   jej,   że   nic   nie   słychać,   a
(the) custodian's wife also told   her   that nothing no hear   and
                                               [that nothing is going on]

chory   drzemał.
sick   was napping
(the sick man)

Lekarz   ostrożnie   obudził   go,   wybadał   i   także   powiedział,
(The) doctor carefully   woke   him   checked   and also   said

że   to   nic.
that it   nothing
(it is)

"Ja zaraz mówiłem, że to nic!", odezwał się chory.
I right away said that it nothing spoke up himself sick
(it is) (the sick man)

"O, nic...", powtórzyła pani ściskając jego spotniałe ręce.
Oh nothing repeated (the) lady clutching his sweaty hands

"Wiem przecie, że krwotok może być z żołądka albo
(I) know of course that (a) hemorrhage could be from (the) stomach or

z nosa. U ciebie pewnie z nosa... Tyś taki tęgi,
from (the) nose At you probably from (the) nose You are so heavy
(With) (archaic)

potrzebujesz ruchu, a ciągle siedzisz... Prawda, panie
(you) need movement and constantly (you are) sitting Right Sir

doktorze, że on potrzebuje ruchu? ..."
Doctor that he needs movement

"Tak, tak! ... Ruch jest w ogóle potrzebny,"
Yes yes Movement is in general needed

"ale małżonek pani musi parę dni poleżeć. Czy może
but   Mrs.   husband must   a couple days lay   If   can
      (your)   (stay in bed) [Can he go on a trip to th

wyjechać na wieś?"
leave   on   countryside
     countryside   ]

"Nie może...", szepnęła pani ze smutkiem.
Not   (he) can   whispered   (the) lady with sorrow

"No to nic! Więc zostanie w Warszawie. Ja będę go
Well so   nothing In this case (he) will stay in   Warsaw   I   will be   him
[Well, that's   it then]   [I will be visiting him

odwiedzał, a tymczasem niech sobie poleży i odpocznie.
visiting   and in the meantime (he) may himself lay   and rest
     ]

Gdyby się zaś krwotok powtórzył...", dodał lekarz.
If   itself again (the) hemorrhage repeat   (he) added (the) doctor

"To co, panie?", spytała żona blednąc jak wosk.
So   what   Sir   asked   (the) wife becoming pale like   wax

"No,   to   nic.   Mąż   pani   wypocznie,   tam   się   zasklepi..."
Well   so   nothing   Husband(of) Mrs .   will rest   there   itself   will seal up
        [your   husband   will rest and it will   seal   itself up]

"Tam...   w   nosie?" ,   mówiła   pani   składając   przed
There   in   (the) nose   (she) was saying   (the) lady   putting together   before
                    [joining her hands   together in

doktorem   ręce.
(the) doctor   (her) hands
  prayer   ]

"Tak...   w   nosie!   Rozumie   się.   Niech   pani   uspokoi   się,
Yes   in   (the) nose   Understands   itself   May   Mrs .   calm   yourself
          [Indeed   ]   (you)

a   resztę   zdać   na   Boga.   Dobranoc."
and   (the) rest   give unto   on   God   Goodnight

Słowa   doktora   tak   uspokoiły   panią,   że   po   trwodze,
(The) words (of the) doctor   so   calmed   (the) lady   that   after   (the) worry

jaką   przechodziła   od   kilku   godzin,   zrobiło   się   jej   prawie
which   (she) had experienced   from   a couple   hours   (it) made   itself   her   almost
(over)   ()

wesoło.
joyful

"No,   i   cóż   to   tak   wielkiego!",   rzekła,   trochę   śmiejąc
Well   and   what   this   so   great   (she) exclaimed   a little   laughing
[It's   not   such a big   deal   ]

się,   a   trochę   popłakując.
herself   and   a little   crying

Uklękła   przy   łóżku   chorego   i   zaczęła   całować   go   po
(She) kneeled   by   (the) bed   sick   and   (she) began   kissing   him   after
(of the sick man)   (on)

rękach.
(his) hands

"Cóż   tak   wielkiego!",   powtórzył   pan   cicho   i   uśmiechnął
What   so   great   repeated   (the) man   quietly   and   smiled
[Well , no   big deal   ]

się.
himself

"Ile to krwi na wojnie z człowieka upływa, a jednak
How much it blood on (the) war from person flows and yet
(in)

jest potem zdrów! ..."
is afterwards healthy

"Już tylko nic nie mów", prosiła go pani.
Anymore only nothing no say pleaded him (the) lady
(don't speak anymore)

Na dworze zaczęło świtać. W lecie, jak wiadomo, noce
On outdoors (it) began getting light In (the) summer as is known nights
() (Outside)

są bardzo krótkie.
are very short

Choroba przeciągnęła się znacznie dłużej, niż myślano.
(The) Sickness stretched out itself significantly longer than was thought

Mąż   nie   **chodził**   **już**   do   **biura,**   co   mu   **tym**   **mniej**
(The) Husband not   went   anymore to   (the) office   which to him this   less
                                                          [which was   less   trouble for

robiło   **kłopotu,**   **że**   jako   **urzędnik**   najemny   nie   **potrzebował**
made   trouble   that   as   (an) office worker (for) hire   no   needed
him   ]

brać   urlopu,   a   **mógł**   **wrócić,**   kiedy   by   mu   **się**   **podobało**
to take   vacation   and   (he) could come back   when   would him   itself   like
                          [he could go back to work   when he   wanted to   ]

i   o   ile   **znalazłby**   **miejsce.**
and about how much (he) would find (a) spot
       (whether)   (an opening)

Ponieważ   gdy   **siedział**   w   **mieszkaniu,**   **był**   **zdrowszy,**   **więc**
Because   when   (he) sat   in   (the) apartment   (he) was healthier   so

pani   **wystarała**   **się**   jeszcze   o   kilka   lekcji   na   **tydzień**   i
(the) lady made efforts herself still   about a couple lessons on   during   and
[the lady continued to give lessons , thanks to which she   was able to keep   finances under control

za   ich   **pomocą**   **opędzała**   domowe   **potrzeby.**
for   their   help   (she) kept at bay household   needs
                                                   ]

Wychodziła   zwykle   do   miasta   o   **ósmej**   rano.
(She) went out   usually   to   town   at   eight   (in the) morning

Około pierwszej wracała na parę godzin do domu,
Around one (she) returned on a couple hours to home
(for)

ażeby ugotować mężowi obiad na maszynce, a potem
in order to cook (for her) husband dinner on (the) stove and later
(archaic)

znowu wybiegała na jakiś czas.
again (she) ran out on some time
(for)

Za to już wieczory spędzali razem. Pani zaś, aby nie
For this already evenings (they) spent together Lady however in order to no
(however) (the evenings) (The lady) (not)

próżnować, brała trochę więcej do szycia.
act in vain (she) took a little more to sew

Jakoś w końcu sierpnia spotkała się pani z doktorem
Somehow in (the) end (of) August (she) met herself (the) lady with (the) doctor
(at)

na ulicy. Długo chodzili razem.
on (the) street Long (they) walked together
(in)

W   końcu   pani   schwyciła   doktora   za   rękę   i   rzekła
In   (the) end   (the) lady   (she) grabbed   (the) doctor   by   (the) hand   and   said
(at last)

błagalnym   tonem:
(in a) pleading   tone

"Ale   swoją   drogą,   niech   pan   do   nas   przychodzi.   Może
But   its own   way   may   Sir   to   us   comes   Maybe
[By the   way   ]   (you)   (our home) (come visit us)

też   Bóg   da! ...   On   tak   się   uspokaja   po   każdej
also   God   will give   He   so   himself   calms down   after   each

pańskiej   wizycie..."
(of) Sir's   visits
(your)

Doktór   obiecał,   a   pani   wróciła   do   domu   jakby   spłakana.
(The) Doctor   promised   and   (the) lady   (she) went back to   home   as if   having been crying

Pan   też,   skutkiem   przymusowego   siedzenia,   zrobił   się
(The) Man   also   effect of   mandatory   sitting   had become himself
            (as a result of)

jakiś   draźliwy   i   zwątpiały.   Zaczął   wymawiać   żonie,   że
some kind of irritable   and   doubtful   (He) began   reproaching   (his) wife   that

jest   zanadto   o   niego   troskliwa,   że   on   mimo   to   umrze,
(she) is   overly   about   him   caring   that   he   despite   this   will die

a   w   końcu   zapytał:
and   in   (the) end   (he) asked

"Czy   nie   powiedział   ci   doktór,   że   ja   nie   przeżyję   kilku
If   no   said   to you (the) doctor   that I   no   will survive   a couple
[Didn't the   Doctor say to you   ]   [will not survive]

miesięcy?"
months

Pani   zdrętwiała.
(The) lady   stiffened

"Co   ty   mówisz?",   rzekła.   "Skąd   ci   takie   myśli?"
What   (are) you saying   (she) said   Where from   to you   such   thoughts
                                          [Where are you getting such   thoughts from]

Chory   wpadł   w   gniew.
Sick   fell   in   anger
(The sick man)   (grew angry)

"Oo,   chodźże   tu   do   mnie,   tu! ...",   mówił   gwałtownie,
Oh   come   here   to   me   here   (he) was saying   rapidly
       (archaic)

chwytając   ją   za   ręce.
grasping   her   by   (the) hands

"Patrz   mi   prosto   w   oczy   i   odpowiadaj: nie   mówił   ci
Look   me   straight in (the) eyes and say   no   (he) said   to you
                                                            [didn't   the doctor say this to

doktór?"
(the) doctor
   you]

I   utopił   w   niej   rozgorączkowane   spojrzenie.   Zdawało   się,
And (he) drowned in   her   (a) feverish   gaze   (It) seemed   itself

że   pod   tym   wzrokiem   mur   wyszeptałby   tajemnicę,   gdyby
that under this   look   (a) wall would whisper   (a) secret   if

ją   posiadał.
her   possessed
(it such)

Na   twarzy   kobiety   ukazał   się   dziwny   spokój.   Uśmiechała
On   (the) face (of the) woman appeared itself (an) odd   calm   (She) smiled

się   łagodnie,   wytrzymując   to   dzikie   spojrzenie.
herself gently   handling   this   wild   gaze

Tylko   jej   oczy   jakby   szkłem   zaszły.
Only   her   eyes   as if   (with) glass   (were) overcome
[her eyes glazed   over   ]

"Doktór   mówił",   odparła,   "że   to   nic,   tylko   że   musisz
(The) Doctor   said   (she) deflected   that   it   nothing   only   that   (you) have to
(it is)

trochę   wypocząć..."
a little   rest

Mąż   nagle   puścił   ją,   zaczął   drżeć   i   śmiać   się,   a
(The) husband   suddenly   released   her   (he) started   (to) yell   and   laugh   himself   and

potem   machając   ręką   rzekł:
later   waving   (his) hand   exclaimed
(then)

"No,   widzisz,   jakim   ja   nerwowy! ...   Koniecznie   ubrdało   mi
So   (you) see   what kind of   I   nervous   Absolutely   hallucinated   to me
[how   nervous   I am]   [I was sure of this   nonsense

się,   że   doktór   zwątpił   o   mnie..."
itself   that   (the) Doctor   doubted   about   me
]

"Ale...   przekonałaś mnie...   Już jestem   spokojny! ..."
But   (you have) convinced me   Already I am   calm

I   coraz   weselej   śmiał się ze swoich   przywidzeń.
And ever more   in a jolly way   (he) laughed himself from his   hallucinations
                                             (for)

Zresztą   taki   atak   podejrzliwości   nigdy   się   już   nie
Besides   such   (an) attack   (of) suspicion   never   itself   already   no
                                                              (again)   (did not)

powtórzył.   Łagodny   spokój   żony   był   przecie   najlepszą   dla
repeated   (The) Gentle   calm   (of the) wife was   of course   (the) best   for

chorego   wskazówką,   że   stan   jego   nie   jest   zły.
sick   indication   that   (the) condition his   no   is   bad
(the sick man)   [that his   condition   is not   bad   ]

Bo   i   z   jakiej   racji   miał   być   zły?
Because   and   from what   right   was it to be   bad

Był wprawdzie kaszel, ale to z kataru oskrzeli.
Was in reality (a) cough but it from (the) cold (of the) bronchi
(it was)

Czasami, skutkiem **długiego** siedzenia, **pokazywała** się
Sometimes (the) result (of) long sitting appeared itself

krew z nosa.
blood from (the) nose

No, miewał też jakby gorączkę, ale właściwie nie była
Well (he) had also as if (a) fever but in fact no was
(repeatedly) (it was not)

to gorączka, tylko taki stan nerwowy.
this (a) fever only such (a) condition nervous
[a condition of the nerves]

W ogóle czuł się coraz zdrowszy. Miał nieprzepartą
In general (he) felt himself ever more healthier (He) had (an) overwhelming

chęć do jakichś dalekich wycieczek, lecz trochę sił mu
desire to some kind of distant travels however - a little strength him
(for) [he lacked a bit of strength

brakło.
lacked
]

Przyszedł   nawet   czas,   że   w   dzień   nie   chciał   leżeć   w
(It) came   even   time   that   in   (the) day   no   (he) wanted (to) lay   in
                                    (during)   [he did   not want]

łóżku,   tylko   siedział   na   krześle   ubrany,   gotowy   do
bed   only   (he) sat   on   (a) chair   dressed   ready   to

wyjścia,   byle   go   opuściło   to   chwilowe   osłabienie.
go out   if only   him   left   this   temporary   weakness
   [if only   this   temporary   weakness would pass   ]

Niepokoił   go   jeden   szczegół.
Caused unease   him   one   detail
[One detail   caused   him   unease]

Pewnego   dnia   kładąc   kamizelkę   uczuł,   że   jest   jakoś
On a certain   day   putting on   (his) vest   (he) felt   that   (it) is   somehow
(One)

bardzo   luźna.
very   loose

"Czybym aż tak schudł? ...",   szepnął.
Is it so that I so like this lost weight (he) whispered
[have I really lost so much weight]

"No, naturalnie, że musiałeś trochę zmizernieć" , odparła
Well naturally that (you) had to a little grow haggard deflected
(answered)

żona. "Ale przecież nie można przesadzać..."
(the) wife But of course no can exaggerate
[one cannot exaggerate]

Mąż bacznie spojrzał na nią. Nie oderwała nawet oczu
(The) husband attentively looked on her Not (she) pulled away even eyes
(at) [She did not even take her eyes off her work

od roboty. Nie, ten spokój nie mógł być udany! ...
from work No this calm no could be pretended
] (could not)

Żona wie od doktora, że on nie jest tak znowu
(The) wife knows from (the) doctor that he not is so again

bardzo chory, więc nie ma powodu martwić się.
very sick so not has reason (to) worry himself

W | początkach | września | nerwowe | stany, | podobne | do
In | (the) beginnings | (of) September | (the) nervous | conditions | similar | to

gorączki, | występowały | coraz | silniej, | prawie | po | całych
(a) fever | occurred | evermore | strongly | almost | throughout entire | (for the duration of)

dniach.
days

"To | głupstwo!", | mówił | chory. | "Na | przejściu | od | lata | do
It | stupidity | said | sick | On | (the) transition | from | summer | to
(is) | | | (the sick man)

jesieni | najzdrowszemu | człowiekowi | trafia | się | jakieś
autumn | (to the) healthiest | person | happens | itself | some kind of

rozdrażnienie, | każdy | jest | nieswój... | To | mnie | tylko | dziwi:
irritability | each | is | out of sorts | This | me | only | surprises

dlaczego | moja | kamizelka | leży | na | mnie | coraz | luźniej? ..."
why | my | vest | lays | on | me | ever more | loosely

"Strasznie   musiałem   schudnąć   i   naturalnie   dopóty   nie
Horribly   (I) must have   lost weight   and   naturally   until   no
[until I can be   healthy

mogę   być   zdrowym,   dopóki   mi   ciała   nie   przybędzie,   to
can   be   healthy   then   (to) me   body   not   will arrive   it
]   [then my weight will   not increase   ]   (is)

darmo! ..."
free
(a given)

Żona   bacznie   przysłuchiwała   się   temu   i   musiała
(The) Wife   attentively   (was) listening in   herself   to this   and   (she) had to

przyznać,   że   mąż   ma   słuszność.
admit   that   (her) husband   has   right
[had   every right to think this]

Chory   co   dzień   wstawał   z   łóżka   i   ubierał   się,   pomimo
Sick   each   day   got up   from bed   and   (he) dressed   himself   despite
(The sick man)

że   bez   pomocy   żony   nie   mógł   wciągnąć   na   siebie
that   without   (the) help   (of his) wife   no   could   pull onto   on   himself
(he could not)

żadnej   sztuki   ubrania.
not a single   piece   (of) clothing

Tyle　przynajmniej　**wymogła**　na　nim,　**że**　na　wierzch　nie
So much　at least　(she) coerced　on　him　that　on　top　not
[she convinced him to only　put on an　overcoat
kładł　surduta,　tylko　paltot.
(he) put on frock-coat　only　(an) overcoat
]

"Dziwić　**się**　tu",　mówił　nieraz,　**patrząc**　w　lustro,　"dziwić
Surprising　itself　here　(he) said　more than once　looking　in　(the) mirror　surprising
[it is surprising
się　tu,　**że**　ja　nie　mam　**sił. Ależ**　jak　**wyglądam! ..."**
itself　here　that　I　not　have　strength But　how　(I) look
that I do not　have　strength　]　[But , look at me　]

"No,　twarz　zawsze　**łatwo**　**się**　zmienia",　**wtrąciła**　żona.
Well　(the) face　always　easily　itself　changes　added　(the) wife

"Prawda,　tylko　**że**　ja　i　w　sobie　**chudnę..."**
Truth　only　that　I　and in　myself　(am) losing weight

"Czy   ci   się   nie   zdaje?" ,   spytała   pani   z   akcentem
If   you   yourself no   seem   asked   (the) wife   with   (an) accent
[Does it   not   just seem so to you   ]   (a hint)

wielkiej   wątpliwości.
(of) great   doubt

Zamyślił   się.
(He) lost in thought himself

"Ha!   może   i   masz   rację...   Bo   nawet...   od   kilku   dni
Ha   maybe   and   (you) have   right   Because   even   from   a couple   days
                           [you are   right]   (since)

uważam,   że...   coś...   moja   kamizelka..."
(I) believe   that   something   my   vest

"Dajże   pokój!",   przerwała   pani,   "przecież   nie   utyłeś..."
Give   peace   interrupted   (the) lady   of course   not   gained weight
[give it a rest   ]   [well of course   you   have not gained weight]

"Kto   wie?   Bo,   o   ile   uważam   po   kamizelce,   to..."
Who   knows   Because   about   how much believe   after   (the) vest   then
                        [For all   I   know ,   judging by the   vest   ]

"W   takim   razie   powinny   by   ci   **wracać**   **siły..**"
In   this   case   (they) should   would   (to) you return   strength
[In   this case ,   your   strength   should be coming back]

"Oho!   **chciałabyś**   tak   zaraz...   Pierwej   **muszę**   **przecież**
Oh   (you) would want   so   immediately   (Archaic) First   (I) have to   of course
   [First , of   course , I at   least have to gain

choć   cokolwiek   **nabrać**   **ciała.**   Nawet   powiem   ci,   że   **choć**
at least   whatever   increase   body   Even   (I) will tell   you   that   although
   weight   ]   [although I

i   **odzyskam**   **ciało,**   to   i   wtedy   jeszcze   nie   zaraz   **nabiorę**
and (I) will regain   body   so   and then   still   no   immediately (I) will gain
will regain weight   (weight)   [I will still   not regain   strength immediately

sił..."   ]
strength
]

"A   co   ty   tam   robisz   za   **szafą?** ..." ,   **spytał**   nagle.
And   what   you   there   (are) doing   behind   (the) wardrobe   (he) asked suddenly

"Nic.   Szukam   w   kufrze   ręcznika,   a   nie   wiem...   czy
Nothing (I am) looking in (the) chest (for a) towel and no know if
                                                              (I do not know)

jest   czysty."
(it) is   clean

"Nie   wysilajże   się   tak,   bo   aż   ci   się   głos   zmienia...   To
Not   strain   yourself so because until you itself voice changes It
(Don't)   [because it causes your voice to change] (is)

przecież   ciężki   kufer..."
of course (a) heavy chest

Istotnie,   kufer   musiał   być   ciężki,   bo   pani   aż   porobiły
Significantly (the) chest had to be heavy because (the) lady until made
[The chest had to have been quite heavy , because the lady was flushed

się   wypieki   na   twarzy.   Ale   była   spokojna.
themselves rosy spots on (her) face But (she) was calm
                        ]

Odtąd   chory   coraz   pilniejszą   zwracał   uwagę   na   swoją
From that moment sick evermore urgent gave attention on his
         (the sick man) [paid evermore urgent attention to his vest (to)

kamizelkę.
vest
]

Co parę zaś dni wołał do siebie żonę i mówił:
Every couple howeverdays (he) called to himself (his) wife and said

"No... patrzajże. Sama się przekonaj: wczoraj mogłem tu
Well would you look at this (You) alone yourself convince yesterday (I) could here
(archaic) (see for yourself)

jeszcze włożyć palec, o tu... A dziś już nie mogę.
still put in (my) finger oh here And today already no can
(I cannot)

Ja istotnie zaczynam nabierać ciała!"
I significantly (am) starting (to) gain body
(weight)

Ale pewnego dnia radość chorego nie miała granic.
But on a certain day (the) joy (of the) sick no had boundaries
(one) (man) (did not have)

Kiedy żona wróciła z lekcji, powitał ją z błyszczącymi
When (his) wife returned from lessons (he) welcomed her with sparkling

oczyma i rzekł bardzo wzruszony:
eyes and exclaimed very touched

"Posłuchaj mnie, powiem ci jeden sekret... Ja z tą
Listen (to) me (I) will tell you one secret I with this

kamizelką, widzisz, trochę szachrowałem. Ażeby ciebie
vest (you) see a little cheated In order to you
(archaic)

uspokoić, co dzień sam ściągałem pasek i dlatego
calm down each day (I) alone was tightening (the) belt and that is why

kamizelka była ciasna... Tym sposobem dociągnąłem
(the) vest was tight This way (I) pulled

wczoraj pasek do końca. Już martwiłem się myśląc, że
yesterday (the) belt to (the) end Already (I) was worried myself thinking that

się wyda sekret, gdy wtem dziś..."
itself will reveal (the) secret when suddenly today
(archaic)

"Wiesz,   co   ci   powiem? ...   Ja   dziś,   daję   ci   najświętsze
(You) Know   what   you   (I) will tell   I   today   give   you   (the) most holy

słowo,   zamiast   ściągać   pasek   musiałem   go   trochę
word   instead of   tightening   (the) belt   (I) had to   him   a little
                                                        (it)

rozluźnić! ...   Było   mi   formalnie   ciasno,   choć   jeszcze
loosen   (It) was   to me   formally   tight   although   still

wczoraj   było   cokolwiek   luźniej..."
yesterday   (it) was   somewhat   looser

"No,   teraz   i   ja   wierzę,   że   będę   zdrów...   Ja   sam! ...
Well   now   and I   believe   that   (I) will be   healthy   I   alone

Niech   doktór   myśli,   co   chce..."
May   (the) doctor   think   what   (he) wants

Długa   mowa   tak   go   wysiliła,   że   musiał   przejść   na   łóżko.
(The) Long   speech   so   him   strained   that   (he) had to   go   on   (the) bed

Tam   jednak,   jako   człowiek,   który   bez   ściągania   pasków
There however   as   (a) person   who   without tightening   belts

zaczyna   nabierać   ciała,   nie   położył   się,   ale   jak   w
begins   gaining   weight   not   laid down himself but   like   in

fotelu   oparł się   w   objęciach   żony...
(an) armchair leaned himself in   (the) embrace (of his) wife

"No,   no! ...",   szeptał,   "kto   by   się   spodziewał?   ...   Przez
Well   well   (he) was whispering   who   would himself expect   For
                                                   [who   would have   thought]

dwa   tygodnie   oszukiwałem   moją   żonę,   że   kamizelka   jest
two   weeks   (I) was fooling my   wife   that   (the) vest   is

za   ciasna,   a   ona   dziś   naprawdę   sama   ciasna! ...   No...
too   tight   and   she   today   really   alone   tight   Well
                              [today by itself it is truly tight   ]

no! ..."
well

I   przesiedzieli   tuląc   się   jedno   do   drugiego   cały   wieczór.
And (they) sat   embracing each other   one   to   (the) other   all   evening

Chory   był   wzruszony   jak   nigdy.
Sick   was   touched   like   never
(The sick man)   (before)

"Mój   Boże!",   szeptał   całując   żonę   po   rękach,   "a   ja
My   God   (he) whispered kissing   (his) wife   by   (her) hands   and   I
(on)

myślałem,   że   już   tak   będę   chudnął   do...   końca.   Od
thought   that   already   like this   will be   losing weight   to   (the) end   From
(until)   [Only

dwu   miesięcy   dziś   dopiero,   pierwszy   raz,   uwierzyłem   w
two   months   today   just   first   time   (I) believed   in
today,   after two months   ]   [for the first time   ]

to,   że   mogę   być   zdrów."
this   that   (I) can   be   healthy

Bo   to   przy   chorym   wszyscy   kłamią,   a   żona   najwięcej.
Because this   by   (the) sick   everyone   lies   and   (the) wife (the) most
[Because everyone lies to the   sick   ]

Ale   kamizelka   ta   już   nie   skłamie! ...
But   vest   this   already not   lie
[But this   vest no longer will   lie   ]

Dziś   patrząc   na   starą   kamizelkę   widzę,   że   nad   jej
Today   looking   on   (the) old   vest   (I) see   that   over   her
(at)   (on)

ściągaczami   pracowały   dwie   osoby.
drawstrings   were working   two   people

Pan   co   dzień   posuwał   sprzączkę,   ażeby   uspokoić   żonę,
(The) Man   each   day   was moving   (the) buckle   in order to   calm   (his) wife

a   pani   co   dzień   skracała   pasek,   aby   mężowi   dodać
and   (the) lady   each   day   was shortening   (the) belt   so   (to her) husband give

otuchy.
courage

"Czy znowu **zejdą** **się** kiedy oboje, **ażeby** powiedzieć
If   again   come together themselves when both in order to tell
[Will they ever come together   again   ]

sobie **cały** sekret o kamizelce? ...", **myślałem** **patrząc** na
each other (the) whole secret about (the) vest   (I) thought looking on
                                                                           (at)

niebo.
(the) sky

Nieba prawie **już** nie **było** nad ziemią. **Padał** tylko
(The) sky almost already not was above (the) earth Falling only
[The sky could hardly be seen anymore   ]

śnieg taki **gęsty** i zimny, **że** nawet w grobach **marzły**
snow   so   thick   and cold   that even in graves   were freezing

ludzkie **popioły.**
human   ashes
        (remains)

Któż jednak powie, **że** za tymi chmurami nie ma
Who   indeed will say that behind these clouds   no   has
                                                       [there is   no sun

słońca? ...
sun
   ]

109   Kamizelka

Maria   Konopnicka
Maria   Konopnicka

Mendel   Gdański   -   part I
Mendel   (of) Gdansk

Od   wczoraj   jakiś   niepokój   panuje   w   uliczce.
From   yesterday   a kind of unease   abounds   in   (the) street

Stary   Mendel   dziwi   **się   i   częściej   niż   zwykle   nakłada**
Old   Mendel   surprises   himself and more often   than   usual   puts on
(is surprised)   (he packs)

krótką   fajkę,   patrząc   w   okno.
(a) short   pipe   looking   in   (the) window

Tych   ludzi   nie   widział   on   tu   jeszcze.
These   people   not   seen   he   here   yet

Gdzie idą? Po co przystają z robotnikami, śpieszącymi
Where going After what stopping with workers hurrying
[Where are they going] (For)

do kopania fundamentów pod nowy dom niciarza
to digging foundations under new house (of) riveter

Greulicha? Skąd się tu wzięły te obszarpane wyrostki?
Greulich From where themselves here brought these ragged young'uns
(have come)

Dlaczego patrzą tak po sieniach? Skąd mają pieniądze,
Why looking like this after vestibules From where(do they) have money
[Why are they looking] (around)

że idą w pięciu do szynku?
that going in five to (the town of) szynk
(they're going)

Stary Mendel kręci głową, smokcząc mały, silnie wygięty
Old Mendel shakes (his) head sucking on (a) small strongly bent

wiśniowy cybuszek.
cherry stem

On zna tak dobrze tę uliczkę cichą. Jej fizjonomję, jej
He knows like this well this street quiet Her appearance here

ruch, jej głosy, jej tętno.
movement her voices her pulse

Wie, kiedy, zza którego węgła wyjrzy w dzień pogodny
(He) Knows when from behind which cornerstone will peer in day cheery

słońce; ile dzieci przebiegnie rankiem, drepcąc do
sun how many children will run over (in the) morning shuffling to
(their) feet

ochronki, do szkoły; ile zwiędłych dziewcząt w ciemnych
shelter to school how many wilted girls in dark

chustkach, z małymi blaszeczkami w ręku, przejdzie, po
headscarves with small plates in hand will walk after
(in)

trzy, po cztery, do fabryki cygar na robotę;
three after four to (the) factory cigars on work
(threes) (in) (fours) [cigar factory] (to work)

ile kobiet przystanie z koszami na starym, wytartym
how many women will stay with baskets on old worn
(out)

chodniku, pokazując sobie zakupione jarzyny, skarżąc się
sidewalk showing one another purchased vegetables complaining themselves
()

na drogość jaj, mięsa i masła;
(about) on (the) costliness (of) eggs meat and butter

ilu wyrobników przecłapie środkiem bruku, ciężkim chodem
how many labourers drag their feet through the middle (of the) pavement (with a) heavy walk

nóg obutych w trepy, niosąc pod pachą węzełki, a w
(of) legs shoed in old shoes carrying under (the) arm cables and in
(wearing shoes)

ręku cebrzyki, kielnie, liny, siekiery, piły.
(the) hand kits trowels lines axes saws

Ba, **on** **i** **to** **nawet** **wie** **może,** **ile** **wróbli** **gnieździ** **się**
Ah   he   and this   even   knows   maybe   how many robins   (are) nesting   themselves:
(also)

w **gzymsach** **starego** **browaru,** **który** **panuje** **nad** **uliczką**
in   ledge   (of the) old   brewery   which   happens   above   (the small) street
(is located)

wysokim, **poczerniałym** **kominem;**
tall   blackened   chimney

w **gałęziach** **chorowitej,** **rosnącej** **przy** **nim** **topoli,** **która**
in   (the) branches   (of the) sickened   growing   by   him   poplar   which

nie **ma** **ani** **siły** **do** **życia,** **ani** **ochoty** **do** **śmierci,** **i**
no   have   even   (the) strength to   live   or   will   to   die   and
(does not)

stoi **tak** **czarniawa,** **przez** **pół** **uschnięta,** **z** **pniem**
stands   like   blackish   through   half   dried up   with   (the) stump
(in this way)

spustoszonym, **z** **którego** **na** **wiosnę** **wynika** **nieco** **bladej**
hollowed   from which   on   spring   results   somewhat   pale
(in)   (in)

zieloności.
greenery

On, **może** **nawet** **nie** **patrząc** **w** **okno,** **samym** **uchem**
He   maybe   even   no   looking   in   window   very   ear
(not)   [with his ear   alone

tylko **rozpoznałby,** **czy** **Paweł,** **stróż,** **zamiata** **ulicę** **nową**
only   would recognize   if   Pawel   (the) guard   sweeps   (the) street   (with) new
]

swoją, **czy** **też** **starą** **miotłą.**
his   or   also   old   broom

I jak tego wszystkiego nie ma Mendel Gdański
And if this all no has Mendel (of) Gdansk
(does not)

wiedzieć, kiedy już od lat dwudziestu i siedmiu w tej
to know when already from years twenty and seven in this

samej izbie, pod tym samym oknem swój warsztat
same chamber under this same window his workshop

introligatorski ma i tak już przeszło ćwierć wieku przy
bookbinder has and this way already went by (a) quarter (of a) century by

nim w fartuchu swoim skórzanym stoi, a podczas kiedy
him in apron his leather stands and during which when

sucha, żylasta, a dziś już nieco drżąca ręka dociska
(he) listens veiny and today already somewhat shaking hand pushes down

drewnianą śrubę prasy, oczy jego spod brwi gęstych,
wooden screw (of the) press eyes his under which eyebrows thick

nawisłych, siwych, patrzą w tę uliczkę, która jest wśród
flaccid grey looking in this (small) street which is among

wielkiego miasta jakby odrębnym, zamkniętym w sobie
(a) great city as if separate closed in itself

światem.
world

Świata   tego   drobne   tajemnice   zna   Mendel   na   wylot.
(The) World (of) this small   secrets   knows Mendel   on   flight
[The small   secrets of   this world   ]   [in and   out]

Wie,   kiedy   się   powiększa   a   kiedy   zmniejsza   kaszel
(He) knows when   itself grows   and   when   gets smaller   cough

starego   archiwisty,   który   mu   przynosi   do   oprawy   grube,
(of the) old   archivist   who   to him   brings   to   frame   fat

pełne   kurzu   foliały   zatęchłych   papierów,   wie,   jak   pachnie
full   (of) dust   folios   (of) stale   papers   knows   how   smell
                                                                    (smells)

pomada   małego   dependenta,   któremu   zszywa   akta   pana
(the) pomade   (of the) small   clerk   who   sews   (the) acts   (of) Mr.

mecenasa;   wie,   kiedy   przyjdzie   Joasia   od   pani   radczyni
attorney   knows   when   comes   Joasia   from   Ms.   Counsellor

z   żądaniem,   aby   jej   za   śkło   pięknie   wsadził   laurkę   z
with (a) demand   to   her   for   glass   beautifully   put in   drawing   with
                  (that)

powinszowaniem,   na   której   złocisty   anioł   odkrywa   się   i
congratulations   on   which   golden   angel   appears   itself   and

pokazuje   kawalera   z   bukietem   róż   w   ręku;
shows   (a) bachelor   with (a) bouquet   (of) roses in   hand

wie,   kiedy   nie   je   obiadu   student,   mieszkający   na
(he) knows   when   no   eat   dinner   (the) student   living   on
                    (does not)   (in the)

strychu,   wie,   z   której   strony   nadbiegnie   zdyszana
attic   (he) knows   from   which   side   will run   (the) out of breath

pensjonarka,   żądając,   aby   jej   niebiesko   i   ze   złotymi
schoolgirl   demanding .   to   her   blue   and   with   golden
                               (that)

sznurkami   oprawił   przepisane   na   listowym   papierze   poezje
threads   (he) frame   (the) rewritten   on   stationary   paper   poetry

Czesława   i   Gawalewicza.
(of) Czeslaw   and Gawalewicz

On   wszystko   wie.   Wszystko,   co   można   widzieć   na   lewo
He   everything   knows   Everything   that   can   know   on   left

i   na   prawo   siwym,   bystrym   okiem,   co   można   na
and   on   right   (with) grey   sharp   eye   what   can   on

prawo   i   na   lewo   usłyszeć   uchem   i   co   przemyśleć
right   and   on   left   hear   (with) ear   and   what   think through

można   długimi   godzinami,
can   (with) long   hours

stukając   jak   dzięcioł   młotkiem   introligatorskim,   równając   i
tapping   like   (a) woodpecker(with) hammer   (of) bookbinder   leveling   and

obcinając   wielkie   arkusze   papieru,   warząc   klej,   mieszając
cutting   great   sheets   (of) paper   weighing   glue   mixing

farby.
paints

I   jego   też   znają   tu   wszyscy.   Obcy   człowiek   rzadko
And   his   also   knowing   here   everyone   Stranger   person   rarely
[And everyone   here also   knows him   ]   ()
zajrzy;   każdy   jakby   swój,   jakby   domowy.
looks in   almost   as if   his own   as if   at home

Stary,   łysy   zegarmistrz   z   przeciwka,   przez   otwarte   okno
Old   bald   clockmaker   from   the opposite side   through   (the) open   window
(The old)   (across the street)
krzyczy   mu   latem   dzień   dobry   i   pyta   o   Bismarcka;
yells   to him   (in) summer   day   good   and asks   about   (the) Bismarck
[good morning]

suchotniczy   powroźnik   zaczepia   o   jego   klamkę   swoje
(the) hectic   ropemaker   clutches   about   his   door knob   his
(onto)

długie,   konopne   sznurki,   które,   dysząc,   kręci   w   wąskiej,
long   hempen   ropes   which   panting   (he) twists   in   (the) narrow

wpół   widnej   sionce   kamieniczki;   chudy   student   z   facjatki,
in half   clear   atrium   (of the) building   (the) skinny   student   from (the) abode
(partially)

z   nogami   jak   cyrklowe   nożyce,   wsadza   zmierzchem   w
with   (his) legs   like   compass   scissors   puts in   with twilight   in
[at dusk peeks   his head in through   the

jego   drzwi   głowę   na   długiej,   cienkiej   szyi   i   pożycza   od
his   door   head   on   long   thin   neck   and borrows   from
door   ]

niego   łojówkę,   którą   zaraz   odda,   tylko   jeszcze   z
him   (a) tallow candle   which   momentarily   (he) will give back   only   still   for

godzinkę   popisze...
(an) hour   will write

Straganiarka   poda   mu   czasem   przez   okno   rzodkiew
(The) Sales woman   will hand   him   from time to time   through   (the) window   (a) raddish

czarną,   w   zamian   za   kolorowe   skrawki   papieru,
black   in   exchange   for   colourful   pieces   (of) paper

z których sobie jej chłopaki sporządzają latawce, słynne
from which themselves her boys create kites famous

na całą ulicę; synek gospodarza całymi godzinami
on (the) whole street (the) son (of the) land owner whole hours

przesiedzi u niego, czekając na wolną chwilę, w której
sits at his waiting on (a) free moment in which
(home) (for) (during)

Mendel da mu tektury do podklejania wyciętych z
Mendel will give him poster paper for gluing cut out of

arkusza żołnierzy, a tymczasem dziwuje się wielkim
sheets of paper soldiers and in the meantime wonders himself (at the) great

uszom nożyc, waży w ręku młotek, wtykając nos w
ears (of the) scissors weighs in hand (the) hammer poking (his) nose in

garnczek z klajstrem, próbując go niemal.
(the) pot with paste trying it almost

Wszystko to tworzy jakąś atmosferę wzajemnej życzliwości.
Everything this creates some kind of atmosphere (of) mutual generosity

Staremu   Mendlowi   dobrze   w   niej   być   musi.   Mimo
Old   Mendel   good   in   her   be   must   Despite
[Old Mendel   must be happy   here   ]

sześćdziesięciu   i   siedmiu   lat,   rześki   jest   jeszcze   w
sixty   and seven   years   fresh   is   still   in
                                                     (is he)   ()

sobie.   Spokój   i   powaga   maluje   się   na   jego   typowej,
himself   Peace   and gravitas paints   itself on   his   typical

zawiędłej   w   trudach   twarzy.
wilted   in   difficulties face

Włosy   jego   są   mocno   siwe;   a   długa   broda   zupełnie
Hairs   his   are   strangely grey   and long   beard   completely
(Hair)   (is)

siwa.   Pierś   zaklęsła   pod   pikowanym   kaftanem   często
grey   Breast   sunken   under   (a) quilted caftan   often

zadychuje   się   wprawdzie,   a   grzbiet   zgarbiony   nigdy   jakoś
shortening of breath   itself   in reality   and back   hunched   never   somehow

nie   chce   rozprostować,
no   want   (to be) straightened
(does not)

ale   tym   nie   ma   się   co   trapić,   póki   nogi   i   oczy
but   this   no   have itself what to worry   as long as legs and eyes
              (does not)

starczą,   póki   i   w   ręku   siła   jest.
are enough as long as and in (the) hand strength is
                    (also)

Kiedy   mu   duszność   dech   zapiera,   a   w   zgiętym
When   to him breathlessness breath denies   and in   bent

grzbiecie   ból   jakiś   krzyże   łamie,   stary   Mendel   nakłada
back   pain   some kind of lower back break   Old   Mendel   puts on
                                          (ache)

w   małą   fajeczkę   tytoń   z   poczerniałego,   związanego
in   small   pipe   tobacco from (a) blackened   tied up

sznurkiem   pęcherza   i,   kurząc   ją,   wypoczywa   chwilę.
(with) string sack   and   dusting   her   rests   (a) moment

Tytoń,   którego   używa,   nie   jest   zbyt   wyborny,   ale   daje
(The) tobacco which (he) uses no   is   too   delicious   but   gives
                                       (is not) (very) (aromatic)

taki   piękny,   siny   dymek   i   tak   Mendlowi   smakuje.
this   beautiful pale   smoke   and this way (to) Mendel tastes good

Siny   ten   dymek   ma   i   to   jeszcze   w   sobie
Pale   this   smoke   has   and   this   still   in   itself

szczególnego,   że   widać   w   nim   różne   rzeczy   oddalone   i
particular   that   (it) can be seen in   it   different kinds of things   farther off   and
            [in the smoke can   be seen]

takie,   które   już   dawno   minęły.
this kind   which   already long ago   passed

Widać   w   nim   i   Resię,   żonę   jego,   z   którą   dobrze   mu
Visible   in   it   and Resia   wife   his   with whom   (it) good   to him
            (also)

było   na   świecie   przez   trzydzieści   lat,   i   synów,   którzy
was   on   Earth   for   thirty   years   and sons   who

się   za   chlebem   rozbiegli,   jak   te   liście   wichrem   gnane,
themselves after   bread   have scattered   like   these   leaves   (the) wind   (has) chased
        [for work]

i   dzieci   synów   tych,   i   smutki   różne,   i   pociechy,   i
and   children   (of the) sons   these   and   (the) sorrows   all sorts of   and   joys   and

troski;
worries

a   już   najdłużej   to   w   nim   widać   jego   najmłodszą
and   already   longest   this   in   him   can be seen   his   youngest

dziewczynę   Liję,   tak   wcześnie   wydaną   i   tak   wcześnie
girl   Lija   so   soon   given away   and   so   soon

zgasłą,   po   której   mu   tylko   jeden   wnuk   pozostał.   Gdy
dimmed   after   whom   him   only   one   grandson   (is) left   When

stary   Mendel   rozpala   swoją   fajeczkę,   jakieś   ciche
old   Mendel   lights   his   pipe   some kind of   quiet

mruczenie   dobywa   się   z   ust   jego.
purring   produces   itself   from lips   his

W   miarę,   jak   pali   i   jak   dymek   siny   przynosi   mu
In   measure   like   (he) smokes   and   like   (the) smoke   pale   brings   (to) him
   (when)   (when)

dalekie   obrazy   i   takie,   które   już   nigdy   nie   wrócą,
far away   pictures   and   such   which   already   never   no   return
                        (will not)

mruczenie   to   rośnie,   potężnieje,   staje   się   jękiem   niemal.
purring   this   grows   gets bigger   becomes   itself   (a) whimper   almost

Ta dusza ludzka, dusza starego żyda, ma też smutki
This soul (of a) human soul (of an) old Jew has also sorrows

swoje i tęsknoty, które zagłusza pracą.
(of) his and longings which deafen (his) work
(own) (are deafened by)

Tymczasem sąsiadka przynosi w jednej ręce garneczek
In the meantime (the) neighbour brings in one hand (a) pot

z rosołem, w którym pływają kawałki rozmiękłej bułki, a
with broth in which are swimming pieces (of a) softened bun and

w drugiej przykryty talerz z mięsem i jarzyną. Stary
in second (a) covered plate with meat and vegetables Old
(the other)

Mendel odbiera od niej ten skromny obiad; nie je go
Mendel picks up from her this modest dinner no eat it
(he does not)

wszakże, tylko postawiwszy na małym, żelaznym piecyku,
however only puts on (a) small iron stove

czeka. Czekanie to trwa niedługo.
waits Waiting this lasts not long

O samej drugiej drzwi izdebki otwierają się głośno,
At same (the) two doors (of the) room open themselves loudly
(the same time)

hałaśliwie, a w nich ukazuje się mały gimnazista; w
in a loud manner and in them appears himself (a) small middle school student in

długim, na wyrost sporządzonym szynelu, w dużej
(a) long on advance made overcoat in (a) big
[to grow into] (with)

zsuniętej na tył głowy czapce, z tornistrem na plecach.
slouching on back head hat with (a) backpack on (his) back
[on the back of his head]

Jest to chłopak dziesięcioletni może, który po matce,
Is this boy ten year old maybe who after (his) mother
[This boy is about 10 years old]

najmłodszej córce starego Mendla, wziął piwne, o
(the) youngest daughter (of) old Mendel took beer coloured about
(hazel) (with)

złocistych blaskach oczy, długie, ciemne rzęsy i drobne
golden sparks eyes long dark eyelashes and tiny

usta, a po dziadzi nos orli i wąskie wysokie czoło.
lips and after granddad (the) nose (of an) eagle and narrow tall forehead

Szczupły i mały, chłopak mniejszym się jeszcze i
(The) thin and small boy smaller himself still and

szczuplejszym wydaje, kiedy zrzuci szynel i zostanie
thinner seems when throws down overcoat and will stay

tylko w szkolnej, szerokim pasem przepasanej bluzie.
only in (the) school's wide striped girded sweatshirt

Stary Mendel jest w ciągłej o niego obawie.
Old Mendel is in constant about him apprehension
[is constantly worrying about him]

Przezroczysta cera chłopca, jego częsty kaszel, jego
(The) Clear complexion (of the) boy his often cough weak

wątłe piersi i pochylone barki, budzą w dziadzie
breast and and leaning shoulders awaken in (the) grandfather

nieustanną troskę.
constant worry

Wybiera **też** dla niego najlepsze **kawałki** **mięsa,** dolewa
Choosing also for him (the) best pieces (of) meat pours more

mu i **dokłada** na talerz, a kiedy **chłopak** **się** naje,
(for) him and adds onto (the) plate and when (the) boy himself (is) satisfied
(has had enoug

klepie go po ramieniu i **zachęca** do zabawy z **dziećmi**
pats him after (his) shoulder and encourages (him) to play with (the) children
(on)

w podwórku.
in (the) yard
(outside)

Malec rzadko kiedy **namówić** **się** pozwala. Jest
(The) small boy rarely when to convince himself allows (He) is

zmęczony lekcjami, **ciężkim** szynelem, siedzeniem w
tired (from) lessons (his) heavy overcoat sitting in

szkole, **drogą,** **dźwiganiem** tornistra; ma **też** dużo **zadań**
school (the) path (the) strenuous carrying (of the) back pack (he) has also great tasks
(the walking)

na jutro. **Powłóczy** nogami **chodząc,** a nawet wtedy,
on tomorrow (He) will drag (his) feet walking and even then
(for) (as he walks)

kiedy **się** uśmiecha, piwne jego oczy **patrzą** z
when himself smiles beer-coloured his eyes look with
(hazel)

melancholią **jakąś.**
melancholy some kind of

W kilka chwil po obiedzie malec zasiada przy prostym
In a few moments after dinner (the) small boy sits at (the) straight

sosnowym stole, dobywając z tornistra książki i zeszyty,
pine table taking out of from (his) back pack books and notebooks

a stary Mendel zabiera się do swego warsztatu.
and old Mendel takes himself to his workshop

Choć chłopak cicho się sprawia i, tylko szeptem
Although (the) boy quietly himself makes and only with a whisper

półgłośnym powtarzając lekcje, kiedy niekiedy zaledwie
half audible repeats (his) lessons when sometimes barely

stuknie stołkiem, na którym się buja, podparłszy na
will hit (the) stool on which himself swings leaning on

stole oba chude łokcie, znać przecie, że staremu
(the) table both skinny elbows (he) knows of course that (the) old

introligatorowi przeszkadza coś w robocie.
bookbinder bothers something at work
(is bothered by)

Co i raz odwraca on głowę, by spojrzeć na chłopca,
What and once turns around he (his) head to glance on (the) boy
(More) (than) (at)

a choć po klajster ręką sięgnąć może, obchodzi z
and although for (the) paste with hand reaches maybe walks around from

boku warsztat, gdy mu go potrzeba, aby po drodze
(the) side (of the) workshop when to him his needs so that on (the) way
(requirements)

uszczypnąć wnuka w liczko blade, przejrzyste, lub
pinch (his) grandson in (the) cheek pale transparent or

pogłaskać go po krótko przyciętych, miękkich i ciemnych
stroke him on short cut soft and dark

jak krecie futerko włosach.
like mole fur hair
(mole's)

Chłopiec przyzwyczajony jest widać do tych pieszczot,
Boy accustomed is evidently to these cuddles
(The boy)

nie przerywa przy nich bowiem ani swego żarliwego
no interrupt by them albeit either his earnest
(does not)

szeptu, ani kołysania się na stołku.
whisper or rocking himself on (the) stool

Stary   introligator   wszakże   zupełnie   i   tym   jest   zadowolony,
(The) old   bookbinder   however   completely   and with this   is   pleased

a   przyciszając   klapanie   pantofli,   powraca   na   palcach   do
and   quieting down   (the) clapping   (of his) slippers   returns   in   (his) toes   to
(tip-toes)

swego   warsztatu.
his   workshop

W   piątek   przed   wieczorem   scena   się   odmienia: malec
In   Friday   before   evening   (the) scene   itself   changes   (the) young'un
(on)

uczy   się   przy   oknie,   kołysząc   się   mozolnie   na   stołku,
studies   himself by   (the) window   rocking   himself   arduously   on   (the) stool
(he studies)

nie   mającym   tu   swojego   rozpędu,   a   na   sosnowym,
no   having   here   his   momentum   and   on   (the) pine
(not)

pokrytym   serwetą   stole   sąsiadka   zastawia   rybę,   makaron
covered   (with a) table cloth   table   (the) neighbour   fills   (with) fish   macaroni

i   tylko   co   przyniesioną   od   piekarza   tłustą,   pięknie
and   only   what   brought   from   (the) baker   (a) fat   beautifully
(just recently)

zrumienioną   kaczkę.
blushing   duck
(golden brown baked)

Cynowy,   o   dziwnie   powykręcanych   ramionach   świecznik   z
(The) Tin   of   strangely   twisted   shoulders   candle holder   with
(with)

gałkami   oświeca   izbę   uroczyście,   świątecznie.
knobs   lights up   (the) chamber   ceremoniously   Christmas-like
(like at Christmas)

Stary   Mendel   ma   na   sobie   wytarty   już   nieco,   ale
Old   Mendel   has   on   himself   (a) worn out   already   somewhat   but
[is   wearing   ]

jeszcze   piękny,   żupan   czarny,   przepasany   szerokim
still   beautiful   zhupan   black   striped   (with a) wide
(long Polish dress)

pasem,   za   który   z   lubością   zakłada   spracowane   ręce.
stripe   behind   which   with   delight   (he) crosses   exhausted   hands

Siwe   jego   włosy   pokrywa   jarmułka,   a   skrzyp   nowych   z
Grey   his   hair   covers   (a) yarmulke   and   (the) squeak   (of the) new   with

długimi   cholewami   butów   napełnia   izbę   jakimś   radosnym
long   shanks   boots   fills   (the) room   with some kind of joyful
(legs)

szmerem.
sound

Gdy   już   stół   zastawiony   został,   chłopak   się   myje,
When   already   (the) table   filled   had been   (the) boy   himself   washes

przyczesuje   swoje   krecie   futerko   na   drobnej,   podłużnej
brushes   his   mole-like   fur   on   (his) small   oval

głowinie,   zapina   świeży   kołnierzyk   i   czyste   mankiety,   a
head   (he) buttons   (the) fresh   collar   and   clean   cuffs   and

założywszy   ręce   w   tył,   stoi   poważny   i   wyprostowany,
having crossed   (his) hands   in   (the) back   stands   serious   and   straightened
                                  (behind him)

podczas   kiedy   dziad   sięga   na   policę   po   zwinięty   tałes
during   when   (the) old man   reaches   on   (the) shelf   for   (a) rolled up   tallit
[while   ]   (archaic)

i   po   modlitewnik.
and for   (a) prayer book

W   chwilę   potem   rozlega   się   wargowy,   brzęczący   śpiew
In   (a) moment   after   spreads   itself   (a) labial   buzzing   singing

modlitewny   starego   żyda;
(of) prayer   (of the) old   Jew

głos   jego   przechodzi   wszystkie   spadki   od   niskich,
voice   his   comes through   all   drops   from   (the) low
(sputtering)

śpiewem   brzmiących,   do   wysokich,   na   których   śpiew
singing   sounding   to   high   on   which   singing

jego   przechodzi   w   jęk   i   w   żarliwy   jakiś   lament,   w
his   comes through   in   (a) whine   and   in   (an) ardent   some kind of   lament   in

akcenty   namiętne,   błagalne,   łkające.
accents   passionate   pleading   sobbing

Pod   wpływem   śpiewu   tego   mały   gimnazista   odczuwa
Under   (the) influence   (of the) singing   this   small   junior high student   feels

dreszcz   nerwowy,   blada   jego   twarzyczka   staje   się
shiver   nervous   pale   his   face   becomes   itself
[a nervous   shiver]

bledszą   jeszcze,   wielkie   oczy   to   rozszerzają   się   nad
paler   still   great big   eyes   this   become wider   themselves   over
(beyond)

miarę,   to   mrużą   się   i   zachodzą   łzami;
measure   this   (they) squint   themselves   and   (are) come over   (with) tears

patrzy   na   dziada   jakby   urzeczony,   a   spazmatyczne
(he) looks   on   (the) old man   as if   captivated   and   spasmatic
(at)

ziewanie   otwiera   mu   usta.   Na   szczęście,   dziad   zamyka
yawning   opens   his   lips   On   happiness   (the) old man   closes
[Fortunately]

wkrótce   stary   modlitewnik   i   błogosławieństwem   rozpoczyna
soon   (the) old   prayer book   and   with blessings   begins

szabasową   ucztę.
(the) Shabbat   feast

Zdarzyło   się   raz   latem,   że   chłopaki   od   Kołodziejskiego
Happened   it   once   (in the) summer   that   (the) boys   from   (the) Wheelwright

ślusarza   i   od   szewca   Pocieszki   zebrali   się   przed
locksmith   and   from   cobbler   Pocieszka   gathered   themselves   before
(in front of)

otwartym   oknem   starego   introligatora,   a   zaglądając   przez
(the) open   window   (of the) old   bookbinder   and   peering   through

nie   do   oświetlonej   szabasowym   światłem   izby,   robili
it   into   (the) lit up   (by the) Shabbat   light   chamber   were making
[the chamber lit by the   light of the   Shabbat   ]   [were making

sobie   z   tej   modlitwy   śmieszki   i   głupią   uciechę.
for themselves   from   this   prayer   giggles   and stupid   joy
fun of the   prayer   ]

W   tej   chwili   wszakże   przechodził   tamtędy   stary
In   this   moment   however   walked by   that way   (an) old

proboszcz,   a   spojrzawszy   przelotnie   w   okno   i   widząc
parish priest and   glancing   briefly   in   (the) window and seeing
                                                     (through)

modlącego   się   żyda,   który   z   takim   jękiem   wołał   po
(the) praying himself Jew   who   with this kind of whimper called   after
                                                                                (in)

swojemu   do   Boga,   uchylił   kapelusza.
his way   to   God   tipped   (his) hat

Scena   była   niema,   ale   nad   wyraz   wymowna.
(the) scene was   mute   but   over   expression meaningful
                                       (beyond)

Chłopaki   zemknęli,   jakby   ich   wiatr   zdmuchnął,   i   nie
(the) boys   quieted down as if   their   wind   blew out   and   no
                                                                             [there

było   odtąd   wypadku,   aby   spokój   tej   ubogiej   izby
was   from then on (an) incident that   (the) peace (of) this poor   chamber
was not]

zamieszany   został.
disturbed   became

Przedwczoraj   dopiero...
The day before yesterday   only

Właściwie   i   przedwczoraj   nie   **stało**   **się**   nic.
In fact   and the day before yesterday   no   happen   itself   anything
                                          (did not)

Tylko   **malec**   **powrócił**   ze   **szkoły**   bez   **czapki,**   **zdyszany,**
Only   (the) young'un   returned   from   school   without   (a) hat   out of breath

jak   **zając**   zgoniony.   **Zrazu**   nic   **mówić**   nie   **chciał;**   dopiero
like   (a) rabbit   jaded   At first   nothing saying   no   wanted   only
                                  [At first not   wanting to say   anything   ]
po   **długich**   badaniach   **wyznał,**   **że**   **jakiś**   obdartus   **krzyknął**
after   lengthy   tests   (he) confessed)   that   some kind of   ragamuffin   yelled
                     (questioning)
na   niego   **żyd!** ...   **żyd!** ... ,   **więc**   on   **uciekał**   i   **czapkę**
on   him   Jew   Jew   so   he   ran away   and   (his) hat
(at)
zgubił,   i   nie   **śmiał**   **wracać**   po   **nią.**
lost   and no   dare   return   after   her
              (did not)   (for)   (it)

Fala gniewu uderzyła staremu Mendlowi do twarzy.
(A) Wave (of) anger hit old Mendel in (his) face

Wyprostował się, jakby urósł nagle, splunął, a potem
(he) straightened himself as if grew suddenly spat and after
(he had grown) (then)

chłopaka twardo za ramię ująwszy, do stołu pchnął i
(the) boy hard by (the) shoulder took to (the) table pushed and
(strongly)

obiad w milczeniu spożył.
dinner in silence consumed

Po obiedzie nie wrócił do warsztatu i fajki nie
After dinner no return to (the) workshop and pipe no
(he did not) (did not)

nakładał, tylko sapiąc, po izbie chodził.
pack only breathing heavily around (the) room (he) walked

Malec także do lekcji się nie brał, ale patrzył na
(the) young'un also to studies himself no took but looked on
(did not) (at)

dziadka zalęknionym wzrokiem. Nigdy go jeszcze tak
(his) grandpa (with) frightened eyes Never him yet like this
[He had not until then , seen him this

gniewnym nie widział.
angered no seen
angry]

"Słuchaj ty!", przemówił wreszcie, stając przed chłopcem,
Listen you spoke finally standing before (the) boy

Mendel. "Jak ja ciebie małego sierotę wziął i chował, i
Mendel How I you (as a) small orphan took and raised and
(When)

za niańkę także był, i piastował ciebie, nu, to nie na
as (a) nanny also was and nursed you so it not on
(Yiddish) [I did not raise

to ja ciebie chował i nie na to ciebie piastował, co
this I you raised and no for this you nursed what
and nurse you like this (not)] [for you

by ty głupi był!"
would you dumb was
to be dumb]

"I   jak   ja   ciebie   uczyć   dał,   jak   ja   ciebie   do   szkoły
And when   I   you   to be taught   allowed   when   I   you   to   school

posyłał,   jak   ja   tobie   książki   kupował,   to   też   nie   na
was sending   when   I   for you   books   was buying   it   also   no   on
                                                                    (was not) (for)

to,   co   by   ty   głupi   był!"
this   what   would you   dumb   was

"A   ty   ze   wszystkim   głupi   rośniesz,   i   nie   ma   u   ciebie
And you   with   everything   dumb   (are) growing   and no   have   at   you
                                                          (do not)   (in)

żadnej   mądrości!"
any   intelligence

"Jakby   u   ciebie   mądrość   była,   to   by   ty   tego   nie
As if   at   yourself   intelligence   was   so   would you   (of) this   no
         (in)   [would you   not be   ]

wstydził   się,   nie   płakał,   nie   uciekał,   że   kto   na   ciebie
ashamed   (of) yourself no   cry   no   run away   that   who   at   you
                    (would not)   (would not)   [that   someone would   call you a Jew

żyd   krzyknie."
Jew   will yell
         ]

"A jak ty tego płaczesz, jak ty uciekasz i jeszcze
And when you (of) this cry when you run away and still
(to add to it)

taką piękną nową czapkę gubisz, co pięć złotych bez
such (a) beautiful new hat lose what five zloty less
(which) [4 zloty and 94 groszy

sześciu groszy kosztuje gotówką, pieniędzmi, nu, to ty
six cents costs (in) cash (with) money so so you
] (*Yiddish*)

ze wszystkim głupi jesteś, a te szkoły, te książki, te
with everything dumb are and these schools these books these

nauki, to wszystko na nic!"
studies it (is) all on nothing
(for)

Odsapnął i znów mówić zaczął:
(he) sighed and again speaking began

"Nu, co to jest żyd? Nu, jaki ty żyd?", mówił już
So what this is Jew So what kind of you Jew (he) said already
[what is a Jew] [What kind of Jew are you]

łagodniejszym głosem.
(in a) gentler voice

"Ty się w to miasto urodził, toś ty nie obcy, toś
You yourself in this city (were) born oh you you no stranger oh you
(are no)

swój, tutejszy, to ty prawo masz kochać to miasto,
yours from here this you right have (to) love this city
[you have the right to love this city]

póki ty uczciwie żyjesz. Ty się wstydzić nie masz, żeś
while you honestly live You yourself ashamed not have that you are
[You are not to be ashamed]

żyd. Jak ty się wstydzisz, żeś ty żyd, jak ty się
(a) Jew When you yourself (are) ashamed that you are you (a) Jew when you yourself
[when you yourself

sam za podłego masz, dlatego, żeś żyd, nu, to jak
alone for malicious have because you are (a) Jew so so how
think you are malicious]

ty możesz jakie dobro zrobić dla to miasto, gdzie ty
you can what good do for this city where you

się urodził, jak ty jego kochać możesz? Nu?"
yourself were born how you him love can Well
[how can you love this city]

Zachłysnął się i znów przed chłopakiem stanął. Tym
Gasped himself and again before (the) boy stood This
[He gasped for breath]

razem jednak patrzył na jego zlęknioną twarzyczkę z
time indeed was looking on his frightened little face with
(at)

jakimś rozrzewnieniem. Położył mu na głowie rękę i
some kind of tenderness (He) Laid on him on (the) head (his) hand and
[He put his hand on his head]

rzekł z naciskiem:
stated with emphasis

"Uczciwym żydem być jest piękna rzecz! To pamiętaj
(An) Honest Jew be is (a) beautiful thing This remember
[To be an honest Jew]

sobie! A teraz się ucz, żeby ty głupim nie był, a
yourself And now yourself study so that you dumb no be and
(will not)

czapkę to ja tobie inszą kupię, to ty nie potrzebujesz
(the) hat this I for you different will buy so you no need
[I will buy you a different hat] (do not)

płakać, bo to głupstwo jest!"
to cry because this dumb is

Malec　pocałował　w　rękę　dziada　i　wziął　się　do　książek.
(The) Young'un kissed　in　hand　(his) grandfather and　took　himself to　(the) books

Stary　introligator　bardziej　jednak　był　poruszony　tą
(the) Old　bookbinder　more　however　was　moved　(by) this

sprawą,　niż　to　chciał　dziecku　okazać.
incident　than　it　wanted　(to the) child　show

Długo　bowiem　po　izbie　chodził,　nie　kończąc　pilnej,
Long　albeit　around　(the) chamber　(he) walked　no　finishing　(an) urgent
　　　(however)　　　　　　　　　　　(not)

zaczętej　roboty,　i　spluwając　po　kątach,　jakby　się
initiated　job　and　spitting　around　(the) corners　as if　himself
　　　　　　　　　　　　(in)

goryczą　jaką　nakarmił.
with some kind of　bitterness　fed

Nie   przetrawił   on   tej   goryczy   w   sobie   i   przez   noc
No   digested   he   this bitterness in himself and through (the) night
(He had not)

widocznie,   gdyż   bardziej   zgarbiony   i   postarzały   niż
evidently   for   more   hunched over and older looking than

zwykle   nazajutrz   wstał;   kiedy   chłopiec,   podpiąwszy
usual   (the) next day (he) awoke when (the) boy   having buckled

rzemienie   tornistra,   do   szkoły   ruszył,   stary   poszedł   do
(the) belt (of the) backpack to school started off (the) old man went to

okna   i   patrzył   za   nim   niespokojnie,   długo.
(the) window and was looking behind him uneasily   long
                    (after)

Niepokój   ten   nie   opuszczał   go   i   przy   pracy   nawet.
Unease   this no   leave   him and at   work   even
                 (did not)

Częściej   niż   zwykle,   pod   wpływem   jakiegoś   rozdrażnienia
More often than usual   under (the) influence (of) some kind of irritability

nakładał   krótką   fajeczkę   i   podchodził   do   okna,   i   patrzał
(he) packed (a) short pipe   and was walking to   (the) window and was looking
                               [walking to and fro the   window]

podejrzliwie   w   tak   dobrze,   w   tak   dawno   znaną   sobie
suspiciously . in this well   in this long ago known   to himself
                         (wellness)

uliczkę.
little street

Pod wpływem też tego rozdrażnienia zapewne, ruch jej,
Under (the) influence also (of) this irritability surely movement her
[her movement]

jej głosy, jej tętno, inne mu się jakieś, niż zwykle,
her voices her pulse different (to) him themselves sort of than usual
(they)

wydały.
seemed

Gdy jednak malec powrócił ze szkoły wesół, bo piątkę
When however (the) young'un returned from school joyful because (a) five
(an A grade)

dostał, rozbawiony nową czapką, która mu na oczy
(he) got cheerful (of the) new hat which him on eyes
[which was falling down over his

wjeżdżała, stary o swoich przywidzeniach zapomniał i
was driving (the) old man about his hallucinations forgot and
eyes]

czy to sam dla siebie, czy dla uciechy dziecka,
whether this alone for himself or for (the) joy (of the) child

gwizdał przy robocie, jak za młodych czasów!
whistled at work like as young times
[as he worked] (when)

Po   obiedzie   **wpadł**   po   akta   dependent,   **pachnący**   **piżmem.**
After   dinner   dropped by   for   files   (the) lawyer's assistant   smelling   (of) musk
                     (to pick up)   (archaic)

"Co   **słychać?**",   **spytał.**
What   listens   (he) asked
[What is happening]

"Wszystko   dobrze,   **broń**   **Boże**   od   **złego!**",   **odrzekł**   **Mendel**
Everything   (is) good   defend   God   from   evil   answered   Mendel

Gdański.
of Gdansk

"Podobno   **żydów**   **mają**   **bić?** ...",   **rzucił**   **pachnący**   dependent
Apparently   Jews   are to be   beaten   threw   (the) smelly   assistant
                              (said carelessly)

z   **głupkowatym**   **uśmiechem.**
with   (a) dumb   smile

"Nu,   jak   bić,   to   bić!",   odrzekł   Mendel,   pokrywając
Well   if   to beat   then   to beat   answered   Mendel   covering
(hiding)

wrażenie,   jakie   na   nim   te   słowa   wywarły.   "A   kto   ich
(the) impression   that   on   him   these   words   had made   And   who   them

ma   bić?   Urząd?   ..."
is to   beat   City Council

"I...   Urząd   by   tam",   rozśmiał   się   mały   dependent.
And   (the) City Council   would   there   laughed   himself (the) small   assistant

"Nu,   jak   nie   urząd,   to   i   chwała   Bogu!",   rzekł   Mendel.
Well   if   no   (the) City Council   then   and   praise   God   exclaimed   Mendel
(not)   (thank)

Roześmiali   się   obaj.   Młody   dependent   głupkowato,   żyd   z
(they) laughed   themselves   both   (The) Young   assistant   stupidly   (the) Jew   with
(laughed)   [the Jew , with

przymusem   widocznym.
coercion   evident
evident coercion   ]

Zły   był,   że   ta   rozmowa   toczyła   się   przy   dziecku.
Angry (he) was that this conversation was taking place itself by (the) child
                                                                (next to)

Spojrzał   na   chłopca   spod   brwi   nasuniętych.   Malec   wlepił
(He) Glanced on (the) boy from under eyebrows dropped down (The) Young'un glued into
             (at)

w   dependenta   wielkie   swoje   oczy   i   dopiero,   kiedy   ten
in (the) assistant great his eyes and only when that one
                                                         (the assistan

za   progiem   był,   spuścił   je   na   karty   książki   pociemniałe,
behind (the) corner was dropped them on (the) pages (of the) book darkened
                                   (his eyes)

pałające.
glowing

Stary   Mendel,   jakby   nie   widział   tego,   zaczął   znowu
Old Mendel as if no having seen this started again
              (not)

gwizdać.
whistling

Ale   gwizdanie   to   miało   coś   w   sobie   ze   świstu
But   whistling   this   had   something in   itself   of   (the) whistle

przytłoczonej   wielkim   ciężarem   piersi,   nuta   przycichała,
(of an) oppressed   (with a) great   weight   of chest   (the) tune   quieted

głuchła,   zasypiała,   aż   urwała   się   zgrzytem   czy   jękiem.
deafened   was falling asleep   until   (it) broke   itself   (with a) grind   or   (a) whimper

Zmierzchało   już   w   izbie,   kiedy   przez   niskie   drzwi
(It) Grew dark   already   in   (the) chamber   when   through   (the) low   doors

wcisnął   się   gruby   zegarmistrz   w   popielatym   haweloku,
squeezed   himself   (the) fat   clockmaker   in   (an) ashy   havelock
(petticoat worn in XIX

jakiego   stale   używał   w   tej   porze.
which   (he) constantly used   in   this   hour
(at)

"Słyszałeś   pan   nowinę?" ,   zapytał,   siadając   na   brzegu
Have you heard   Sir   (the) news   asked   sitting down   on   (the) edge

stołu,   przy   którym   uczył   się   malec.
(of the) table   at   which   was studying himself (the) young'un
[at which the   young'un   was   studying]

"Nu",   odparł   Mendel,   "co   mnie   po   nowinów?   Jak   ona
Well   answered   Mendel   what   me   after   (the) news   If   she
            [what   good is   news to   me]   [If the   news is
będzie   dobra,   to   ona   i   wtedy   będzie   dobra,   kiedy   ona
will be   good   then   she   also   then   will be   good   if   she
good   ]   [then it is good   even if   it's   not news
nie   będzie   nowina,   a   jak   zła,   nu,   to   na   co   ja   ją
no   will be   news   and   if   bad   well   then   on   what   I   her
            ]   (for)   (it)
słuchać   mam?"
listen   should
(to)

"Podobno   żydów   mają   bić",   rzekł   tłusty   zegarmistrz,
Apparently   Jews   are to be   beaten   exclaimed   (the) fat   clockmaker

kiwając   nogą   w   wyciętym   trzewiku   z   błyszczącą   stalową
shaking   (his) foot   in   (a) cut out   shoe   with   (a) shiny   steel

sprzączką.
buckle

Stary   Mendel   zamrugał   kilka   razy   nerwowo,   koło   ust
Old   Mendel   blinked   a couple   times   nervously   around   (his) lips

przebiegło   mu   nagłe   drgnięcie.
ran   him   (a) sudden   tick

Wnet   opamiętał   się   jednak   i,   przybrawszy   ton   jowialnej
Before long   (he) came to   himself   however   and   assuming   (a) tone   jovial
(his) senses   [a jovial   tone]

dobroduszności,   rzekł:
(of) good spiritedness   (he) exclaimed

"Żydów?   Jakich   żydów?   Jeśli   tych,   co   uni   złodzieje   są,
Jews   what   Jews   If   these   what   ones   thieves   are
(the ones)   (that)   (they)

co   uni   ludzi   krzywdzą,   co   uni   po   drogach   rozbójstwo
what   ones   people   hurt   what   ones   after   (the) streets   robberies
(that)   (they)   (that)   (they)   (around)

robią,   co   uni   z   tego   biednego   skórę   ciągną,   nu,   to
are doing   what   ones   from   this   poor   skin   pull   well ,   then
(that)   (they)   (which)   (person)

czemu   nie?   Ja   sam   pójdę   ich   bić!"
why   no   I   alone   will go   them   beat
(not)

"Ale   nie!",   roześmiał   się   zegarmistrz.   "Wszystkich   żydów..."
But   no   (He) Laughed   himself   (the) clockmaker   All   Jews

W   siwych   źrenicach   Mendla   zapalił   się   błysk   nagły.
In   (the) grey   pupils   (of) Mendel lit up   itself   (a) spark   sudden

Przygasił   go   jednak   wpół   spuszczoną   powieką   i   niby
(He) Dimmed   him   however   in half   put down   eyelid   and   as if
               (it)   (closed)
obojętnie   zapytał:
indifferently asked

"Nu,   za   co   oni   mają   wszystkich   żydów   bić?"
Well   for   what   they   are to   all   Jews   beat

"A   za   cóż   by?" ,   odrzucił   swobodnie   zegarmistrz.   "Za
Oh   for   what   should   overruled   nonchalantly   (the) clockmaker   For
[For   what   now   ]
to,   że   żydy!"
this   that   (they are) Jews

"Nu", rzekł Mendel, mrużąc siwe oczy, "a czemu uni
Well exclaimed Mendel squinting (his) grey eyes and why ones
(they)

do lasa nie idą i nie biją brzeziny za to, że
to (the) forest no they go and no beat (the) birch tree for this that
(do not) (do not)

brzezina, albo jedliny za to, że jedlina? ..."
(the) birch tree or fir tree for this that (a) fir tree

"Ha! ha!", rozśmiał się zegarmistrz. "Każdy żyd ma
Ha ha laughed himself (the) clockmaker Each Jew has

swoje wykręty! Przecie ta jedlina i ta brzezina to
his evasions Surely this fir tree and this birch tree this

nasze, w naszym lesie, z naszego gruntu wyrosła!"
ours in our forest from our soul has grown

Mendel aż się zachłysnął, tak mu odpowiedź na usta
Mendel that himself gasped in this way him (the) answer on (his) lips
[Mendel gasped] [at how the answer from his lips crowed

nagle wypiała.
suddenly crowed
]

Pochylił się nieco ku zegarmistrzowi i głęboko zajrzał
(He) Bent over himself somewhat toward (the) clockmaker and deeply looked into

mu w oczy.
him in eyes

"Nu, a ja z czego wyrósł? A ja z jakiego gruntu
Well and I from what grew And I from what soil

wyrósł? Pan dobrodziej mnie dawno zna? Dwadzieścia i
grew Sir benefactor me long ago knows Twenty and
[has known me for a long time]

siedem lat mnie pan dobrodziej zna! Czy ja tu
seven years me sir benefactor knows Did I here

przyszedł jak do karczmy? Zjadł, wypił i nie zapłacił?
come like to (the) tavern Ate drank and no pay
(did not)

Nu, ja tu nie przyszedł jak do karczmy! Ja tu tak
Well I here no come like to (a) tavern I here like
(did not)

w miasto urósł, jak ta brzezina w lesie!"
in (the) city grew like this birch tree in (the) forest
(have grown up)

"Zjadł   ja   tu   kawałek   chleba,   prawda   jest.   Wypił   też
Ate   I   here (a) piece (of) bread (the) truth is   Drank   also

wody,   i   to   prawda   jest.   Ale   za   tego   chleba   i   za   tej
water   and this (the) truth is   But   for   this   bread   and for   this

wody   ja   zapłacił.   Czym   ja   zapłacił?   Pan   dobrodziej
water   I   paid   With what   I   paid   Sir   benefactor
                        [What did I   pay   with]
chce   wiedzieć,   czym   ja   zapłacił?"
wants   (to) know   with what   I   paid

Wyciągnął   przed   siebie   obie   spracowane,   wyschłe   i
(He) Pulled out   in front of   himself   both   tired out from work   dried up   and

żylaste   ręce.
veiny   hands

"Nu",   zawołał   z   pewną   porywczością   w   głosie,   "ja   tymi
Well   called out   with (a) certain   impetuosity   in   (his) voice   I   (with) these

dziesięciu   palcami   zapłacił!"
ten   fingers   paid

"Pan   dobrodziej   widzi   te   ręce?"
Sir   benefactor   sees   these   hands

Znów   się   pochylił   i   trząsł   chudymi   rękami   przed
Again   himself   bent over   and   shook   (his) skinny   hands   in front of

błyszczącą   twarzą   zegarmistrza.
(the) shiny   face   (of the) clockmaker

"Nu",   to   takie   ręce   są,   "co   ten   chleb   i   te   wodę
Well   such   these   hands   are   what   this   bread   and   this   water
                                                (that)

próżno   do   gęby   nie   nosiły!   To   takie   ręce   są,   co   się
in vain   to   mouth   no   carried   Such   these   hands   are   what   I themselve
                        (have not)   (that)

pokrzywiły   od   noża,   od   obcęgów,   od   śruby,   od   młota.
made twisted   from   (the) knife   from   pincers   from   (the) screw   from   (the) hammer

Nu,   ja   nimi   zapłacił   za   każdy   kęs   chleba   i   za   każdy
Well   I   with them   paid   for   every   bite   (of) bread   and for   every

kubek   wody,   co   tu   zjadł   i   wypił."
mug   (of) water   what   here   ate   and drank
                (that)

"Ja   jeszcze   i   te   oczy   przyłożył,   co   już   dobrze   patrzeć
I   still   and these eyes   applied   what anymore well   see
[I also with my eyes have worked   ]   (that)

nie   chcą,   tego   grzbietu,   co   nie   chce   już   prosty   być   i
not   want   (of) this back   what no   want   anymore straight to be and
                                       (that) (does not)

te   nogi,   co   nie   chcą   mnie   już   nosić!"
these legs   what no   want   me   anymore to carry
             (that) (do not)

Zegarmistrz   słuchał   obojętnie,   bawiąc   się   dewizką.   Żyd
(The) Clockmaker listened   indifferently   playing   himself with slogan   (The) Jew
                                                          (with the words)

sam   się   roznamiętniał   swą   mową.
alone himself excited   (with) his speech

"Nu,   a   gdzie   ta   zapłata   moja   jest?"
Well   and where   this payment   (of) mine is

"Ta **zapłata** moja jest w szkole u dzieci, u tych
This payment (of) mine is in school at (the) children at these

paniczów, u te panienki, co się uczą na książkę, co
young masters at these young ladies what themselves study on books what
(that) (that)

piszą na kajetu, nu. Una i w kościół jest, jak tam z
write on notebooks well One and in church is when there with
(in) (It)

książkami ludzie idą... Nu, una i u wielmożnego
books people go Well one and at (the) illustrious
(it)

proboszcza jest, bo ja i jemu oprawiał książki, niech
parish priest's is because I and for him have bound books may
(is my payment)

un zdrowy żyje!"
one healthy live
(he)

Tu uchylił jarmułki, a potem dodał:
Here (he) tilted (his) yarmulke and after added

"Moja **zapłata** w dobrych rękach jest!"
My payment in good hands is

"Tak   się   to   mówi",   odparł   dyplomatycznie   zegarmistrz,
Such   itself   it is   said   deflected   diplomatically   (the) clockmaker
[And so   they say   ]

"ale   żyd   zawsze   żydem! ..."
but   (a) Jew   always   (a) Jew

Nowe   iskry   zagorzały   w   oczach   starego   introligatora.
New   sparks   ardent   in   (the) eyes   (of the) old   bookbinder

"Nu,   a   czym   un   ma   być?   Niemcem   ma   być?
Well   and   with what   one   has   to be   German   has   to be

Francuzem   ma   być? ...   Może   un   koniem   ma   być?   Nu,
French   has   to be   Maybe   a   horse   has   to be   Well

bo   psem   to   un   już   dawno   się   zrobił,   to   un   już
because   (a) dog   it   one   (has) already   long ago   himself   made   so   one   already

jest!"
is

"Nie   o   to   chodzi!",   rzekł   patetycznie   zegarmistrz.
No   about this   walks   Exclaimed   pathetically   (the) clockmaker
[It is not   about this   ]

"Chodzi　o　to,　żeby　nie　był　obcym!　..."
Walks　　　about　this　to　　no　　be　(an) alien
[It is about this　　　　]　　　　(not)　　　(different)

"O　to　chodzi?"　,　odparł　żyd,　przechylając　się　w　tył　i
About　this　walks　　　deflected　(the) Jew　leaning　　　himself　in　back　and
[That's　what　this is about]　　　　　　　　　　　　　()

cofając　łokcie.　"Nu,　to　niech　mi　tak　od　razu　pan
moving back　(his) elbows　Well　so　may　to me　like this　from　once　sir
　　　　　　　　　　[Well .　say it　like this in　the　first　place　(at once)

dobrodziej　powiada!　To　jest　mądre　słowo!　Ja　lubię
benefactor　tell　　　This　is　smart　word　I　like

słyszeć　mądre　słowo!　Mądre　słowo　to　jest　jak　ojciec　i
hearing　(a) smart　word　(A) Smart　word　it　is　like　(a) Father　and

jak　matka　człowiekowi.　Nu,　ja　za　mądre　słowo　to　bym
like　(a) Mother　(to a) person　Well　I　for　(a) smart　word　it is　(I) would

milę　drogi　szedł.　Jak　ja　mądre　słowo　usłyszę,　to　mnie
(a) mile　road　walk　If　I　(a) smart　word　will hear　it is　to me
　　　　　　　　[A smart word　is as good as　bread to me

za　chleb　starczy."
for　bread　enough
　　　　　　]

"Jakby   ja   wielki   bogacz   był,   wielki   bankier,   nu,   to   ja
If   I   (a) great rich man were   (a) great banker   well then I

by   za   każde   mądre   słowo   dukata   dał.   Pan   dobrodziej
would for each   smart   word   (a) ducat give   Sir   benefactor

powiada,   co   by   żyd   nie   był   obcy?   Nu,   i   ja   tak
said   what would (a) jew not   was   (an) alien Well also I   so
                                                (different)

samo   powiadam."
self   say

"Czemu   nie?   Niech   un   nie   będzie   obcy.   Na   co   un
Why   no   May   one   no   be   (an) alien On   what one
         (not)   (not)   (different) [For what]

obcy   ma   być,   na   co   ma   obcym   się   robić,   kiedy   un
(an) alien is to be   on   what is   alien   himself make when   one
                         (for what) (he) to

i   tak   swój?   Pan   dobrodziej   myśli,   co   jak   tu   deszcz
even yes   his own Sir   benefactor   thinks   what if   here   rain
(so)

pada,   to   un   żyda   nie   moczy,   bo   żyd   obcy?"
falls   then one (a) Jew no   wet   because (a) Jew (is an) alien
        (it)   (does not) (get wet)

"Albo może pan dobrodziej myśli, co jak tu wiatr
Or maybe Sir benefactor thinks, what if here (the) wind

wieje, to un piaskiem nie sypie w oczy temu żydowi,
blows then one (with) sand no blow in (the) eyes of that Jew
(it) (does not)

bo żyd obcy? Albo może pan dobrodziej myśli, że jak
because (a) jew (is) alien Or maybe Sir benefactor thinks that if

ta cegła z dachu leci, to una żyda ominie, bo un
this brick from (the) roof falls then one (a) jew will pass because one
(it) (he)

obcy?"
(is) alien

"Nu, to ja panu dobrodziejowi powiem, że una jego
Well (in) this I Sir benefactor will say that one him
(case) (it)

nie ominie. I wiatr jego nie ominie, i deszcz jego nie
no pass by And wind him no pass by and rain him no
(will not) (will not) (will not)

ominie! Patrz pan dobrodziej na moje włosy, na moje
pass by Look Sir benefactor on my hair on my
(at) (at)

brode... Uny siwe są, uny białe są... Co to znaczy?
beard Ones grey are ones white are What this means
(they) (they)

To znaczy, co uny dużo rzeczy widziały i dużo rzeczy
This means what ones many things have seen and many things
(that) (they)

pamiętają."
remember

"To   ja   panu   dobrodziejowi   powiem,   co   une   widziały
This   I   (to) Sir   benefactor   will say   what   ones   have seen
                                                         (that)   (they)

wielgie   ognie,   i   wielgi   pożar,   i   wielgie   pioruny   na   to
great   flames   and (a) great   fire   and great   lightning   on   this

miasto   bić,   a   tego,   co   by   od   te   ognie   i   od   ten
city   beat   and (of) this   what   would from   these   flames   and   from   this
                                   (that)

pożar,   i   od   te   pioruny   żydy   były   uwolnione,   to   uny
fire   and   from   these   lightening   Jews   here   freed   then   ones
                                (bolts)   (they)

tego   nie   widziały!"
this   no   see
        (did not)

"Nu,   a   jak   noc   jest   na   miasto,   to   una   i   na   żydów
Well   and   when   night   is   on   (the) city   then   one   and on   (the) Jews
                            (falls)   (it)   (also) (for)

jest,   to   i   na   żydów   wtedy   nie   ma   słońce!"
is   this   and on   Jews   then   no   has   sun
               (for)   (there is no) (is)

Odetchnął   głęboko,   ciężko.
(He) Sighed   deeply   heavily

Maria   Konopnicka
Maria   Konopnicka

Mendel   Gdański   -   part II
Mendel   (of) Gdansk

"Pan   dobrodziej   na   zabawy   chodzi?   Pan   dobrodziej   na
Sir   benefactor   on   junkets   goes   Sir   benefactor   on
[Do you ,   Sir , go to parties   ]
tańce   bywa?"
dances   attends

Gruby   zegarmistrz   skinął   głową   i   zakołysał   się   na   stole,
(The) fat   clockmaker   nodded   (his) head   and rocked   himself on   (the) table

brzęcząc   dewizką.
clinking   (the) watch-chain

Pochlebiało   mu   to,   że   introligator   uważa   go   za
Flattered   him   this   that   (the) bookbinder   considers   him   for
[It flattered him   ]
człowieka   światowego   i   mogącego   jeszcze   zabawiać   się
(a) person   worldly   and capable   still   (of) entertaining   himself
tańcami.
(with) dances

Żyd   gorejącymi   oczyma   patrzył   w   jego   twarz   płaską,
(The) Jew   (with) ardent   eyes   (was) looking in   his   face   flat
(at)

ozdobioną   szerokim,   mięsistym   nosem.
decorated   (with a) wide   meaty   nose

"A   smutku   swego,   swego   kłopotu   pan   dobrodziej   ma?"
And   sadness   his   his   trouble   Sir   benefactor   has
(of his own)   (his own)

Zegarmistrz   podniósł   brwi,   przybierając   minę
(The) Clockmaker   raised   (his) eyebrows   assuming   (a) facial expressi

niezdecydowaną.   Właściwie   pragnął   się   on   okazać
undecided   As a matter of fact   (he) longed   himself   he   to turn out
(neutral)   [to be above

wyższym   nad   podobne   drobnostki,   jak   kłopot   i   smutek,
taller   over   similar   trifles   (such) as   trouble   and   sorrow
]

ale   że   nie   wiedział,   do   czego   żyd   zmierza,   milczał
but   that   no   (he) knew   to   what   (the) Jew   (was) getting at   (he) remaine
[since he did not   know]   [so he remained

więc   dyplomatycznie.
so   diplomatically
diplomatically silent]

Stary introligator odpowiedzi też nie czekał, tylko mówił
(The) Old   bookbinder   (an) answer   also   no   (was) waiting only   (was) speaking
[was not waiting for an answer   ]

dalej głosem wezbranym, pełnym:
further   (in a) voice   swollen   full

"Nu, jak pan dobrodziej na tańce bywa i swego
So   if   Sir   benefactor   on   dances   goes   and   his own
(to)

smutku też ma, to panu dobrodziejowi wiadomo jest, że
sorrow   also   has   then   (to) Sir   benefactor   known   is   that

się ludzie do tańca, do wesołości zejdą, i po
themselves   people   to   dance   to   joy   will gather   and   after

wesołości się rozejdą, i nic. Ale jak te ludzie do
(the) joy   themselves will part   and   nothing   But   when   these   people   to

smutku się zejdą, jak się uni do płakania zejdą, nu,
sadness   themselves will gather   when   themselves they   to   crying   will gather   well

to już nie jest nic."
this   already no   is   nothing
(is not)

"To już ten jeden temu drugiemu bratem się zrobił, to
So already this one that other one (a) brother himself has made so
[So one has become a brother to the other]
już ich ten smutek jednym płaszczem nakrył."
already their this sorrow (with) one cloak has covered

"To ja panu dobrodziejowi powiem, co ja w to miasto
So I (to) Sir benefactor will say what I in this town
(that)
więcej rzeczy widział do smutku niż do tańca, i że
more things have seen to sorrow than to dance and that
(reasons) (for) (for)
ten płaszcz to bardzo duży jest."
this cloak it very big is

"Ajaj, jaki un duży! Un wszystkich nakrył, i ze żydami
Oh boy how one (is) big One everyone covered and with Jews
(it) (it) ()
też!"
as well

Odwrócił się bokiem i spojrzał za siebie w okno.
(He) turned around himself (from the) side and glanced   behind himself in   (the) window

"Mój   panie   Mendel..." rzekł zegarmistrz tonem wyższości.
My   Mr.   Mendel   exclaimed (the) clockmaker (in a) tone   (of) superiority

"Gada się to tak i owak, ale każdy żyd, byle
Talks   itself it like this and like that but each Jew as long as
[One talks   ]
pieniądze miał."
money   had

Stary introligator nie dał mu dokończyć, ale podniósłszy
(The) Old bookbinder no gave him finish but (he) raised
                       [did not let]
rękę, trząsł nią jakby się od natrętnego owada opędzał.
(his) hand shook her as if himself from (an) insistent insect was repelling
            (it)

"Niech　mi　pan　dobrodziej　nie　powie　te　mowę!　To　jest
May　to me　Sir　benefactor　no　say　this　speech　This　is
[do not say such　things　]

mowe　od　wszystkie　głupie　ludzie.　Jakby　żydowi　pieniądz
(the) speech　from　all　dumb　people　As if　(a) Jew　money
[If money was　to be the most　important thing

za　wszystko　miał　być,　to　by　jemu　Pan　Bóg　od　razu
for　everything　was　to be　then　would　to him　Sir　God　from　once
Jew　]　[then　God　would　have　created a　pocket　into his

kieszeń　w　skórę　zrobił,　abo　i　dwie.　A　jak　jemu　Pan
(a) pocket　in　skin　made　or　and two　And　if　to him　Sir
skin　]　(even)

Bóg　kieszeń　w　skórę　nie　zrobił,　nu,　to　na　to,　że
God　(a) pocket　in　skin　not　made　well　this　on　this　that
[it is for this　reason]

żydowi　pieniądz　tyle　ma　być,　co　i　każdemu."
(for a) Jew　money　this much is to　be　what　and for each
[means the　same as to everyone else　]

"Ma　być!"　zawołał　triumfalnie　zegarmistrz,　podnosząc　tłusty
Is to　be　called　triumphantly　(the) clockmaker　lifting　greasy
(his fat)

podbródek　i　muskając　się　po　nim.
chin　and stroking　himself by　him
(on)　(it)

"Ale   nie   jest!   W   tym   sęk,   że   nie   jest..."
But   no   is   In   this   (the) point that no   is
[But it is   not   ]   (it is not)

Uśmiechnął   się   Mendel   wpół   smętnie,   a   wpół   filuternie.
(He) smiled   himself Mendel   in half   sadly   and   in half   playfully
                               (in part)   (in part)

"A   ja   panu   dobrodziejowi   powiem,   co   tam   właśnie   sęka
And   I   (to you) Sir   benefactor   will say   what   there   in fact   point
                                              (that)   [there is   no point,   there   is
nie   ma,   tylko   jest   dziure.   Ajaj,   jakie   dziure!"
not   has   only   is   hole   Oh boy   what   hole
      only   a   hole   ]

Spoważniał   nagle   i   kiwał   głową,   patrząc   w   ziemię.
(He) grew serious   all of a sudden   and   was shaking (his) head   looking   in   (The) ground
                                                                          (at)

"Pan dobrodziej myśli, co ja te dziure nie widzę? Ja
Sir   benefactor   thinks   what I   this hole   no   see   I
                          [that I do not see this hole   ]

ją widzę. Że una się zrobić mogła, to jest źle; ale
her see   That one herself made   could it is   bad   but
(it) (I see it) [That it could have been made   ]

że una dotąd niezałatana jest, to jeszcze gorzej. W te
that one until now not mended is   it still   worse   In this
     (it)   (even)   [A lot of

dziure to dużo mocy wpada i w słabość się obraca.
hole   it a lot of strength falls into and in weakness itself turns
energy goes into this hole and turns into weakness   ]

I dużo rozumu wpada, a w głupstwo się obraca. I
And a lot of sense   falls into and in dumbness itself turns And
    [a lot of sense goes into it and turns into dumbness   ]

dużo dobroci wpada, a w złość się obraca Chce mi
a lot of goodness falls into and in anger itself turns Want to me
[a lot of goodness goes into it and turns into anger] [Do you want to

pan dobrodziej wierzyć? Te dziure to nie żydki zaczęły
Sir   benefactor   believe   This hole   it   no (the) Jews started
  believe me Sir   ]   [It is not the Jews who started tearing the hole first

pierwsze drzeć."
(the) first tearing
          ]

"Nu, że uni ją potem darli, to ja wiem, to ja nie
So that they her after tore this I know this I not
[that they later continued to tear the hole] [I won't deny that

skłamię, nie powiem, że nie! Ale najpierw, to ją
will lie not will tell that not But first this her
] (it)

zaczęła drzeć zapomniałość na to, co wszystkie ludzie
started tearing forgetting on this what all people
(that)

od jednego Boga stworzone są."
from one God created are
[are created by one God]

Złożył dwa pierwsze palce w ręku, jakby tabakę brał,
(He) folded (his) two first fingers in (his) hand as if tobacco was taking
[He put together his pointing fingers]

a wystawiwszy mały, dodawał tym gestem precyzji
and sticking out small (he) added with this gesture precision
(his pinky) [adding precision to his argument with the gesture

dowodzeniu swemu.
argument his
]

"To była pierwsza nitka, co tam w to miejsce pękła."
It was (the) first string what there in this place burst
[It was the first string in this place that broke]

"Nu, tak jedni **zaczęli** do siebie **ciągnąć,** a drudzy
Well in this way some started to each other pulling and others
(people) [were drawn to each other]

znów do siebie i tak się już dalej **rwało.** Pan
again from each other and in this way itself already further was tearing Sir

dobrodziej powiada, co dla **żyda** **pieniądz** wszystko jest?
benefactor says what for (a) Jew money all is
(that) (everything)

Nu, niech i tak **będzie!"**
Well may and in this way be

"A wie pan **dobrodziej** czemu? Nie wie pan **dobrodziej?**
And knows Sir benefactor why Not knows Sir benefactor

Pan **dobrodziej** **myśli,** temu, co **żydki** **chytre** **są?** To
Sir benefactor thinks because what Jews stingy are It
(that) [Then

się pan **dobrodziej** myli. Pan **dobrodziej** zna ten **słup**
yourself Sir benefactor mistaken Sir benefactor knows the pole
you are mistaken Sir]

na **Ujazdów?** Nu, pan **dobrodziej** się **śmieje!"**
on Ujazdy Well Sir benefactor himself laughs
(street name)

"To tam na ten słup położony będzie hunor, i wielga
This there on this pole put will be honour and great
(archaic of wielk

familja, i wielgie urzędy, i pieniądze też, nu, to jeden
family and great institutions and money too well this one
(families)

wlizie na słup po ten hunor, a drugi po te mądrość,
will climb on (the) pole for this honour and second to go after this intelligence
(to go after)

a trzeci po te herby, a czwarty po te sławność, a i
and third to go after these crests and forth to go after this fame and as well

taki się znajdzie, co po te pieniądze wlizie, choć
this kind of itself will be found what for this money will climb however

insze rzeczy przy nich są."
other things by them are
(*archaic*)

"Ale jak na ten slup położone będą tylko pieniądze, a
But if on this pole put will be only money but

nie będzie ani hunoru, ani sławności, ani mądrości, to
not will be either honour or fame or intelligence then

po co ludzie będą na ten słup liźć?"
for what people will be on this pole going

"Jak pan dobrodziej myśli? Po pieniądze uni będą liźć
How Sir benefactor thinks Going after money they will be going
[What do you think] (*archaic*)

i po nic więcej? A te z dołu, co się przypatrują, to
and for nothing more And these from bottom what themselves watching intently then
(the bottom)

będą krzyczeć: ajaj, jaki to chytry naród, po pieniądze
(they) will be yelling ay ay such then stingy folk for money
(oh boy)

tylko lizie, pieniądze u niego wszystko!"
only goes money at him everything
(to) (them)

"A im kto mniejszy będzie, albo na głębszym dołu
And the who smaller will be or on (a) deeper hole
[the smaller the person is] [the deeper the hole he is in

stał, to mniej widzieć będzie a głośniej jeszcze krzyczeć."
stood then less to see will be and (the) louder still yelling
] (the) [the less he will see]

"A tylko te wysokie ludzie, te na górze stojące,
And only these tall people these on top standing

widzieć będą, co na ten słup nic innego położone nie
see will be what on this pole nothing other put no
(will see) [that there is nothing else put in this pole

jest, i tym, co po to lizą, co tam położone jest, nie
is and for these what for this are going what there put is no
] (that) (after) (that) [will not

będą się dziwowali, a krzyczeć, to uni też nie będą."
will be themselves surprised and yelling then they also no will be
be] () [will not be]

"Co na nasz słup leży? Pieniądze tylko leżą, tak my
What on our pole lies Money only lays this way we
[What is there for us Jews to strive for]

po pieniądze idziem. Ale to nie jest pierwsze złe.
for money go But it not is (the) first bad
(after) (that) (bad thing)

Pierwsze złe, to jest takie, co dwa słupy są i co
(The) First bad it is such what two poles are and what
[The first bad thing is when there are two poles (that) which lay uneven things

na nich nierówne rzeczy leżą." on
on them uneven things lay
]

"Jeszcze   by!",   roześmiał   się   impertynencko   zegarmistrz.
Still   would   laughed   himself impertinently   (the) clockmaker

"W   teorii   zresztą",   dodał   poważniej,   "masz   pan   może   i
In   theory   besides   (he) added   more seriously   (you) have   Sir   maybe   and
                                                      [and maybe   you are   right

słuszność.   Ale   w   praktyce   inaczej   się   to   okazuje.   Was,
right   But   in   practice   differently   itself   this   appears   You
]   (turns out)

żydów,   lęgnie   się   jak   tej   szarańczy,   a   zawsze   to
Jews   hatch   yourselves like   that   locusts   and   always   this
         (breed)   ()   ()

żywioł   cudzy..."
element foreign

Stary   introligator   znów   zamrugał   nerwowo   razy   kilka   i
(The) Old   bookbinder   again   blinked   nervously   times   a couple   and

znów   siwe   swoje   oczy   w   połowie   rzęsami   przysłonił.
again grey   his   eyes   in   half   (with) eyelashes covered

"Mądry   człowiek,   choćby   w   garści   dwa   kamienie   miał   i
(A) Smart   person   even if   in   cupped hand two   stones   had   and
[If a smart   person two or even three stones in his   hand held

trzy   choćby   miał,   to   tylko   jednym   w   psa   ciska.   A
three   even if   had   so   only   (with) one   in   (a) dog   hurls at   And
]   [then   he would   only throw one   at a   menacing dog]

pan   dobrodziej   dwoma   kamieniami   od   razu   cisnął   na
Sir   benefactor   (with) two   stones   from   once   threw   on
(right away)   (at)

starego   żyda   Ale   to   nic   nie   szkodzi.   Ja   ten   jeden
(an) old   Jew   But   this   nothing   no   harm   I   this   one
[But that   does   not   matter   ]

podniosę   i   ten   drugi   też   podniosę.   Mój   grzbiet   już   się
will pick up   and this   second   also   will pick up   My   back   already itself
(other one)

sam   do   ziemi   schyla..."
alone   to   (the) ground   bends

Musnął   dwa   razy   białą   swą   brodą   i,   pomyślawszy
(He) stroked   two   times   white   his   beard   and   thinking

chwilkę,   rzekł:
(a) moment   (he) said

"Pan   dobrodziej   wie,   jak   ja   się   nazywam?   Nu,   ja   się
Sir   benefactor   knows   how   I   myself   (am) named   Well   I   myself

nazywam   Mendel   Gdański."
(am) named   Mendel   (of) Gdansk

"Że   ja   się   Mendel   nazywam,   to   przez   to,   co   nas
That   I   myself   Mendel   (am) named   it   because   this   what   us
                                                                            [there   were

było   dzieci   czternaście,   a   ja   się   piętnasty   urodził,   tu,
was   children   fourteen   and   I   myself   fifteenth   (was) born   here
fourteen of us   kids   ]

na   Stare   Miasto,   w   te   wąskie   uliczke,   zara   za   te
on   (the) Old   Town   in   that   narrow   street   right   behind   that

żółte   kamienice,   gdzie   apteka.   Pan   dobrodziej   wie?   Nu,
yellow   building   where   pharmacy   Sir   benefactor   knows   Well
                                    (the pharmacy is)

jak   ja   się   tam   urodził,   to   nas   było   dzieci   piętnaście,
when   I   myself   there   (was) born   there   us   was   children   fifteen
                                            [there   were   fifteen of us   ]

cały   mendel.   Przez   to   ja   się   Mendel   nazywam."
all   mendel   Because   (of) that   I   myself Mendel   (am) named
(a whole)(fifteen)

"Czy nas ojciec nieboszczyk potopić miał? Nie miał nas
Did us (our) father deceased drown supposed to Not supposed to us
[Was our deceased father supposed to drown us] (He was not)

potopić! Raz, że się un Pana Boga bał, a drugi raz,
drown Once because himself he for Lord God (was) afraid and second once
(first of all) (archaic) () (fearing) [second of all]

że un te swoje piętnaście dzieci tak kochał, że jak
because he those his fifteen children so loved that when
(archaic)

matka przyniosła śledź, to un tylko główkę sobie urwał,
mother brought herring then he only (the) little head (for) himself tore off

a całego śledzia to dzieciom dał, co by się najadły,
and (the) whole herring so (to) children gave what would themselves get their fill
(so that)

co by nie były głodne. Tak ich kochał."
what would not be hungry So them (he) loved
(so that) (they would)

Zachłysnął się. Poczerwieniał, oczy mu się zapaliły
Choked himself (He) reddened (his) eyes him themselves lit up
[He choked back tears]

nagłym przypomnieniem.
(with a) sudden reminiscence

Wnet   się   jednak   pohamował   i   mówił   dalej   z   jowialnym
Quickly   himself in fact   stopped   and   (was) speaking further   with   (a) jovial
                                                                            (continued)

uśmiechem,   w   którym   gorzką   ironię   dostrzec   było   można.
smile   in   which   bitter   irony   noticed   was   able
                                          [could be noticed   ]

"Ale   ja,   Mendel,   widział,   co   mendlowi   całemu   źle   na
But   I   Mendel   saw   what   (the) fifteen   whole   bad   on
                              [that   the fifteen   children did not have it   good

świecie,   tak   sam   już   tylko   pół   tuzina   dzieci   miał;   a
earth   so   alone   already only   half   (a) dozen   children   had   and
]   (he himself)   (from then on)

moja   córka,   Lija,   nu,   una   tylko   jednego   syna   miała   i
my   daughter   Lija   well   she   only   one   son   had   and

od   boleści   wielkiej   umarła."
from   pains   great   died

"Żeby una żyła, a sześć synów miała, a patrzała, na
In order for she to live and six sons had and was looking on
(her) (at)

co ja patrzę, nu, to una by sześć razy od boleści
what I (am) looking well this she would six times from pains
(then) [she would have had to suffer great pain six times

umierać musiała!"
to die had to
]

Mówił szybko, coraz szybciej, głosem namiętnie
(He) Spoke quickly more and more faster (with a) voice passionately

przyciszonym, pochylając się ku zegarmistrzowi i
quieted leaning himself toward (the) clockmaker and

przenikając go pałającym wzrokiem. Po chwili wyprostował
penetrating him burning gaze After (a) moment (he) straightened
[with a burning gaze]

się, wciągnął w starą pierś głęboki, ciężki oddech i,
himself pulled in old chest (a) deep heavy breath and

uśmiechnąwszy się smętnie, rzekł:
having smiled himself sadly said
[after smiling sadly]

"To   już   my   go   nie   nazywali   Mendel,   to   już   my   go
Then   already we   him   no   call   Mendel   so   already we   him
(from then on)   (did not)   (from then on)
nazwali   Jakub."
called   Jakub

"Kubuś,   pójdź   tu!",   zawołał,   jakby   pierwszy   raz
Kubus   go   here   called   as if   (for the) first   time
(*endearing form of Jakub*)
przypominając   sobie   obecność   chłopca.
remembering   himself   (the) presence   (of the) boy

A   gdy   malec   wstał   ze   stołka   i,   szastnąwszy   buciętami
And   when   (the) youngster   got up   from   (the) stool   and   having shuffled   (his) shoes
(*archaic*)
przed   zegarmistrzem,   do   dziada   się   przytulił,   stary
in front of   (the) clockmaker   to   (his) grandfather   himself   hugged   (the) old
(man)
pogłaskał   go   po   głowie   i   rzekł:
stroked   him   after   (his) head   and   said
(on)

"Kubuś, to takie imię, co go i pan dobrodziej, na ten
Kubus   it   such a name what him and Sir benefactor on this
        (is)   (that) (it)

przypadek, godnemu synkowi może dać. To jest takie
instance   (to a) worthy son   can give It is such a
                                            (is)

imię, co to jak na tym sądzie króla Salomona: niech
name what it like on this court (of) king Salomon may
      (that)   (in)

nie będzie ani mnie, ani tobie."
no be   neither (for) me nor (for) you

"To dobre imię jest! Po te imie, to jak po te
It (a) good name is At this name it like after this
                       (By)   (that is) (over)

kładke, przejdą ludzie z te niedobre czasy do te
footbridge will walk through people from these not good times to these

dobre czasy, kiedy jeden drugiemu nie będzie liczył,
good times when one second   not will   count
                        (to the other)

czy w domu dużo ma kołyski..."
if in (the) home a lot has cradles
               (are)

"Bo w te dużo kołyski dużo pracy jest, i dużo głodu
Because in these many cradles a lot of work is and a lot of hunger

jest, i dużo mogiłki też..."
is and a lot of little graves also

"I nie na tym mądrość jest, co by mało ludzi było;
And not on this intelligence is what would few people were
　　() 　　(intelligent) 　　 [that there are to be few people]

ale na tym mądrość jest, co by uni dużo dobrego
but on this intelligence is what would they a lot of good
　　　　　　　　　　　　 (that)

zrobili, dużo ziemi obsiali, dużo obkopali, dużo obsadzili.
did a lot of soil sowed a lot of (soil) dug up a lot of (soil) planted

Co by uni dużo przemysłowców mieli, dużo rozumu się
What would they a lot of industrialists had a lot of reason themselves
(That) 　　　　　(industrial people)

uczyli, dużo dobroci znali w sercu jeden dla drugiego.
learned a lot of good knew in (the) heart one for second
　　　　　　　　　　　　　　　　　　　　　　　　(an other)

Mnie jeden stary chłop powiadał, co jak bocian więcej
Me one old peasant told about what when (a) stork more
　　　　　　　　　　　　　　　(that)

dzieci ma, niż ich wyżywić może, to jedno albo dwa
children has than them to feed can then one or two

z gniazda zruci."
from (the) nest will throw down

"Tak   niech   już   pan   dobrodziej   kłopotu   o   to   nie   ma.
So   may   already Sir   benefactor   trouble   about this no   has
                 (from now on)   [not worry about this   ]

To   i   nad   ludźmi   taka   moc   musi   być,   co   te   gęby
So   and over   people   such a power must   be   what these mugs
                                                           (that)   (*impolite*)

liczy   i   te   ziarna   w   kłosie   też..."
counts and these seeds   in   ear   as well
                                    (of corn)

Trząsł   siwą   brodą,   coraz   silniej   tuląc   malca   do   swego
(He) Shook grey   beard   more and more strongly hugging (the) young boy to   his

boku.
side

"Nu,   ja   nie   tylko   nazywam   się   Mendel,   ja   jeszcze
So   I   no   only   call   myself Mendel   I   also
              (not)

nazywam   się   Gdański.   Nu,   co   to   jest   Gdański?"
call   myself Gdanski   Well   what it   is   Gdansk
                   (from Gdansk)

"To taki człowiek, albo taka rzecz, co z Gdańska
It such a person or such a thing what from Gdansk
(that)

pochodząca jest. Pan dobrodziej wie? ... Wódka gdańska
coming from is Sir benefactor knows Vodka from Gdansk

jest i kufer gdański jest, i szafa gdańska jest... tak
is and mug from Gdansk is and wardrobe from Gdansk is so

uny gdańskie mogą być, tak ja jestem Gdański."
they from Gdansk can be so I am from Gdansk

"Nie jestem paryski, ani nie jestem wiedeński, ani nie
Not am Parisian nor not am Viennese nor not

jestem berliński, jestem Gdański. Pan dobrodziej powiada,
am from Berlin am from Gdansk Sir benefactor says

co ja cudzy. Nu, jak to może być? Jak ja Gdański,
what I someone else's Well how this can be How I (am) from Gdansk
(that) (foreign) (If)

to ja cudzy?"
then I someone else's

"Tak   pan   dobrodziej   powiada?   Czy   to   tam   już   wyschła
So   Sir   benefactor   says   (If) Did this there already dried up
                                     [Has the Vistula river already dried up

Wisła?   Czy   tratwy   tam   nie   idą   od   nasze   miasto?   Czy
Vistula   If   rafts   there no   go   from our   town   If
]   (Do)   (not)   [Are those

tam   te   łapciuchy   nasze   flisy   już   nie   są?   To   już
there those ragamuffins our   raftsmen already no   are   Then already
       ragamuffins no   longer our raftsmen   ]

wszystko   cudze? ..."
everything someone else's

"To   pan   dobrodziej   taki   hojny?   Nu!   szkoda,   co   ja
Then Sir   benefactor   so   generous Well   pity   what   I
                                                        (that)

przód   nie   wiedział   o   tym,   co   pan   dobrodziej   taki
before no   knew   about this what Sir   benefactor   so
(archaic) (did not)   (that)

hojny,   bo   ja   bym   poprosił   pana   dobrodzieja   choć   o
generous because I   would (have) asked Sir   benefactor   at least   about
                                                                          (for)

połowę   sklepu,   choć   o   połowę   te   wszystkie   zegarki,   co
half   (a) store   at least about half these all   clocks   what
                              (for)   (that)

tam   są..."
there are

Zegarmistrz **śmiał** **się** i **chwytał** za boki.
(The) Clockmaker   laughed   himself and was grasping   by   (his) sides

"A **niechże** pana nie znam! A **toś** pan **wywiódł** sztukę,
And may that   Sir   not   know   And that you Sir   arrived at   (an) art
                                                    (*archaic*)

że i Bosko lepiej nie potrafi! **Że** Gdański, to już
that and Godly better not can   That from Gdansk so   already

swój! Cha! cha! cha!"
his own   Ha   Ha   Ha
(one of us)

Stary żyd kiwał głową i uśmiechał się także. Filuteria
(The) Old   Jew   (was) shaking (his) head and smiling   himself as well   (The) playfulness

sofisty **błyszczała** mu w oczach, ale uśmiech był gorzki,
(of a) Sophist   (was) shining him   in   (his) eyes   but   (the) smile   was   bitter
                [was shining in his eyes   ]

kolący...
prickly
(like a thorn)

"Mendel   Gdański   i   Jakub   Gdański",   rzekł   po   chwili   z
Mendel   from Gdansk   and   Jakub   from Gdansk   (he) said   after   (a) while   with

powagą,   zwracając   się   do   wnuka   i   jakby   przekazując
seriousness   addressing   himself   to   (his) grandson   and   as if   passing down

mu   dostojność   swojego   nazwiska   i   swojej   tradycji.
to him   (the) dignity   of his   last name   and his   tradition

"Nu,   co   un   jest   ten   Mendel   Gdański?   Un   żyd   jest,   w
Well   what   he   is   this   Mendel   from Gdansk   He   (a) Jew   is   in

to   miasto   urodzony   jest,   w   to   miasto   un   żyje,   ze
this   city   born   is   in   this   city   he   lives   from

swojej   pracy,   w   to   miasto   ma   grób   ojca   swego,   i
his   work   in   this   city   (he) has   (the) grave   (of) father   his   and

matki   swojej,   i   żony   swojej,   i   córki   swojej.   Un   i   sam
(of) mother   his   and   (of) wife   his   and (of) daughter   his   He   and alone
(himself)

w   to   miasto   kości   swoje   położy."
in   this   city   bones   his   will lay

"Nu,   co   un   jest   ten   Kubuś   Gdański?" ,   ciągnął   dalej,
Well   what   he   is   this   Kubus   from Gdansk   (he) pulled   further
[he continued]

odsunąwszy   od   siebie   chłopca   na   środek   izby   na
having pushed away   from   himself   (the) boy   on   (the) centre   (of the) room   on
(into)   (at)

długość   swej   ręki   i   nie   puszczając   jego   ramienia.
(the) length   (of) his   arm   and no   letting go   (of) his   shoulder
(not)

"Nu,   un   uczeń   jest.   Un   w   szkole   siedzi,   w   ławkę,
Well   he   (a) student   is   He   in   school   sits   in   (the) bench

przy   swoich   kolegi   un   siedzi,   w   książkę   patrzy,   pisze,
by   his   friends   he   sits   in   books   (he) looks   writes

uczy   się.   Nu,   na   co   un   się   uczy?   Un   się   na   to
learns   himself   Well   on   what   he   himself   learns   He   himself   on   this
(for)   (for)

uczy,   co   by   rozum   miał.   Nu,   czy   un   ten   rozum   gdzie
learns   what   would   sense   have   Well   if   he   this   sense   where
(studies)   (smarts)   [will his   sense   take him   anywhere

poniesie,   jak   un   go   będzie   miał?"
will carry   if   he   him   will be   have
]   (sense)

"Un go nigdzie nie poniesie w obce miejsce. Un go
He him nowhere not carries in (a) foreign place He him
(his sense) (his sense)

nie poniesie do wody utopić, ani do ognia spalić, ani
not carries to water to drown nor to fire to burn nor

do ziemi zakopać. Un tu mądry będzie, na ten kraj,
to soil to bury He here smart will be on this country
(in)

na to miasto będzie rozum miał."
on this city will sense have
(in)

"To będzie w ten kraj cały rozum, co by bez niego
This will be in this country whole sense what would without him
(so that)

był, i jeszcze ten rozum będzie w ten kraj, co un
were and still this sense will be in this country what he
[All his sense will go into this country

go Kubuś będzie miał. Czy pan dobrodziej myśli, co
him Kubus will be have If Sir benefactor think what
] (Does) (that)

to będzie za dość? Za dużo? Nu, pan dobrodziej
this will be for enough For too much Well Sir benefactor

takie głupstwo nie może myśleć?"
such stupidity not can think

"Nu, a jak un rozum będzie miał, to un będzie
Well and how he sense will have then he will
(when)

wiedział takich rzeczy, jakie ja nie wiem i pan
know such things which I not know and Sir

dobrodziej nie wie. Un może i to będzie wiedział, co
benefactor no know He maybe and this will know what
(does not) (that)

wszyscy ludzie dzieci są od jednego Ojca, i co
everyone people children are from one Father and what
(all) (that)

wszyscy ludzie kochać się mają, jak te bracia..."
everyone people love each other have to like these brothers
(all)

Przyciągnął do siebie na powrót chłopca, a objąwszy
(He) Pulled to himself on return (the) boy and embracing
(again)

jego szyję, pochylił się do zegarmistrza i szepnął:
his neck (he) leaned himself to (the) clockmaker and whispered

"Bo   to   delikatne   dziecko   jest...   sierota   jest...   bardzo
Because this (a) delicate child   is   (an) orphan is   very

miętkiego   serca..."
(of) soft   heart

Pogłaskał   chłopca   po   twarzy   i   dodał:
(He) stroked (the) boy by (the) face and added

"Idź,   kochanku,   połóż   się   spać,   bo   jutro   do   szkoły
Go   darling   lay   yourself to sleep because tomorrow to school

pójdziesz."
(you) will go

Malec   znów   szastnął   buciętami   przed   zegarmistrzem,
(The) youngster again shuffled (his) shoes in front of (the) clockmaker

dziada   rękę   do   ust   przycisnął   i   zniknął   za   pąsową
(the) grandfather's hand to (his) lips pressed and disappeared behind (the) rich red

firanką,   dzielącą   izbę   od   małej   alkowy.
curtain   separating (the) room from (the) small alcove

Stary   żyd   błysnął   oczami   raz   i   drugi,   zachłysnął   się   i,
(The) Old   Jew   sparkled   (with his) eyes   once   and   (the) second   choked back himself and
(again)

unosząc   brodę,   spytał:
lifting   (his) chin   asked

"Nu,   z   przeproszeniem   pana   dobrodzieja,   kto   to
Well   with   all due respect   (of) Sir   benefactor   who   this

powiadał,   co   żydów   mają   bić?   Ja   się   przy   to   dziecko
said   what   Jews   are to   beat   I   myself   by   this   child
(that)   (in front of)

pytać   nie   chciał,   żeby   go   broń   Boże   nie   przestraszyć,
ask   not   wanted   in order to   him   defend   God   no   scare
(by any means)(not)

bo   to   bardzo   delikatne   dziecko   jest,   ale   teraz,   to   ja
because   this   very   delicate   child   is   but   now   it is   I

się   pana   dobrodzieja   o   to   bez   urazy   spytam..."
myself   Sir   benefactor   about   thus   without   offence   will ask

Uśmiechał   się   pochlebnie,   ujmująco,   siwe   jego   oczy
(He) Smiled   himself with flattery   charmingly   grey   his   eyes

patrzyły   z   przymileniem.
were looking with ingratiating
                (in an ingratiating way)

Zegarmistrz,   zbity   nieco   z   tropu   poprzednimi   wywodami
(The) Clockmaker   beaten   somewhat from (the) trail   (with the) previous   arguments
                                    (flummoxed)

żyda,   natychmiast   uczuł   swoją   przewagę.
(of the) Jew right away   (he) felt   his   dominance

"Powiadają...",   bąknął   niedbale,   wydymając   wargi.
(They) say   (he) mumbled carelessly   puffing out   (his) lips

"Nu,   kto   powiada?"   pytał   żyd,   a   oczy   już   z
Well   who   says   asked   (the) Jew and eyes   already from

aksamitnych   stawały   się   ostre,   kłujące.
velvety   were becoming themselves sharp piercing

"Ludzie   powiadają...",   bąknął   tym   samym   tonem   zegarmistrz.
People   say   mumbled   (in) this same   tone   (the) clockmaker

Stary   żyd   odskoczył   nagle   na   dwa   kroki,   ze   zwinnością,
(The)Old Jew   jumped back suddenly on   two   steps   with agility

której   by   się   nikt   w   nim   nie   domyślał.   Wzrok   jego
which   would themselves no one in   him   no   suspect   Eyesight   his
                                                  (not)

pałał,   wargi   parskały,   głowę   postawił   jak   kozioł.
glowed   lips   sputtering   head   (he) positioned like (a) billy goat
(was glowing)

"Ludzie? ...   Ludzie   powiadają?" ,   pytał   głosem   syczącym,
People   People   say   asked   (with a) voice   hissing

w   coraz   wyższe   wpadającym   tony.
in   more and more higher   falling into   tone

"Ludzie? ..."
People

I   za   każdym   wymówionym   wyrazem   pochylał   się   coraz
And for   each   out-spoken   word   (he) was leaning himself more and more

bardziej   naprzód,   przysiadał   niemal.
forward   forward   sat   almost
              [was squatting   ]

Zegarmistrz   patrzył   obojętnie,   bawiąc   się   dewizką   i
(The) Clockmaker   was looking indifferently   playing   himself   (with his) watch chain and

kiwając   nogą   w   trzewiku.   Uważał   jednak,   że   ta   postawa
shaking   (his) foot in   (his) shoe   (He) believed however   that   this   attitude

żyda   jest   wobec   niego   niewłaściwa   i   śmieszna.
(of the) Jew is   toward   him   inappropriate   and funny

"Cóż to pana tak dziwi?", zapytał chłodno.
What this Sir so surprises (he) asked coldly

Ale stary introligator już się uspokoił. Rozpatrywał się,
But (the) old bookbinder already himself calmed down (He) was looking around himself

ręce wparł w biodra, brodę wyrzucił do góry, oczy
(his) hands pushed into in (his) hips (his) beard threw out to up (his) eyes
[upwards]

zmrużył.
squinted

"Pan dobrodziej się myli", rzekł. "Ludzie tego nie
Sir benefactor himself is mistaken (he) said People this no
(do not)

powiadają. To powiada wódka, to powiada szynk, to
say This says vodka this says (the) saloon this

powiada złość i głupota, to powiada zły wiatr, co wieje."
says anger and stupidity this says bad wind what blows
(that)

Wzniósł   rękę   i   machnął   nią   wzgardliwie.
(He) raised   (his) hand and waved   her   disdainfully
                                     (it)

"Niech   pan   dobrodziej   śpi   spokojnie.   I   ja   będę
May   Sir   benefactor   sleep   peacefully   And   I   will be

spokojnie   spał,   i   to   dziecko   będzie   spokojnie   spało!
peacefully   slept   and   this   child   will be   peacefully   slept
            (sleeping)   (sleeping)

Nasze   miasto   bardzo   dużo   smutku   ma   i   bardzo   dużo
Our   city   very   much   sadness   has   and   very   much

ciemności,   i   bardzo   dużo   nieszczęścia,   ale   na   nasze
darkness   and   very   much   misfortune   but   on   our

miasto   jeszcze   to   nie   przyszło,   co   by   się   w   nim
city   still   this   no   come   what   would   each other in   him
                     (has not)   (that)   (it)

ludzie   gryźli   jak   psy.   O   to   może   pan   dobrodziej
people   biting   like   dogs   About   this   can   Sir   benefactor

spokojny   być!"
calm   be

Zacisnął   usta   i   sięgnął   z   powagą   po   ciężki   cynowy
(He) Squeezed   (his) lips   and   reached   with   seriousness   for   (the) heavy   pewter

lichtarz,   jakby   chciał   zaraz   świecić   gościowi   do   sieni.
candelabra   as if   (he) wanted   right away   to light   (for the) guest   to   (the) entryway
                                                (to light the path)

Zsunął   się   pan   zegarmistrz   ze   stołu,   nacisnął   hawelok,
Slid down   himself   Sir   clockmaker   from   (the) table   (he) pressed   (the) havelock

umocnił   na   głowie   kapelusz,   który   mu   gdzieś   na   kark
(he) fortified   on   (his) head   (his) hat   which   him   somewhere   on   neck

zjechał,   i   rzuciwszy: dobranoc,   wyszedł.
slid down   and   having thrown   goodnight   (he) left

Wtedy   żyd   ode   drzwi   wrócił,   lichtarz   na   stole   umieścił,
Then   (the) Jew   from   (the) door   came back   (the) candelabra   on   (the) table   placed

a   przyszedłszy   na   palcach   ku   alkowie,   pąsowej   firanki
and   having walked   on   toes   toward   (the) alcove   (the) rich red   curtain

uchylił   i   ucha   nadstawił.
pulled back   and   (his) ears   put forward
(opened)

Z   wewnątrz   alkowy   słychać   było   oddech   dziecka
From   inside   (the) alcove   heard   was   (the) breath   (of the) child

gorączkowy,   nierówny,   chrypliwy.   Mała   lampka   o   zielonej
feverish   unstable   hoarse   (The) Small lamp   about   green
(of)

szklanej   banieczce   paliła   się   tam   na   stołku.   Stary
glass   bulb   was burning itself   there   on   (the) stool   Old

pantofle   zrzucił,   do   łóżka   podszedł   i   zapatrzył   się   w
loafers   (he) threw off   to   bed   (he) went   and   staring   himself   in

rozognioną   twarzyczkę   chłopca   niespokojnie,   badawczo.
(the) inflamed   face   (of the) boy   not peacefully   interrogatively

Chwilkę   tak   stał,   wstrzymując   dech   w   piersi,   po   czym
(A) Moment   like this   (he) stood   withholding   breath   in   (his) chest   after   which

westchnął   i,   wysunąwszy   się   z   alkowy,   na   stołku   ciężko
sighed   and   having pulled out   himself   from (the) alcove   on   (the) stool   heavily

siadł,   oparł   dłonie   o   kolana   i   zakołysał   siwą   swoją
sat down   rested   hands   against (his) knees   and   rocked   grey   his
                              (on)

głową.
head

Zgarbiony   był   teraz   i   jakby   postarzały   o   jaki   lat
Hunched over   (he) was   now   and   as if   grown older   about   some   years

dziesiątek.   Usta   jego   poruszały   się   bezdźwięcznie,   pierś
tens   Lips   his   moving   themselves   ungracefully   chest

dyszała   ciężko,   oczy   utkwione   były   w   podłogę.   Cienka
wheezing   heavily   eyes   stuck   were   in   (the) floor   (A) Thin
                    [his eyes   were glued to the   floor   ]

świeca   dogasała,   skwiercząc   w   cynowym   lichtarzu.
candle   was burning out   crackling   in   (the) pewter   candelabra

Nazajutrz   rano   uliczka   obudziła   się   cicha   jak   zwykle   i
The next day   morning   (the) street   awoke   itself   quiet   as   usual   and

jak   zwykle   spokojna.   Gdański   od   wczesnego   ranka   stał
as   usual   peaceful   From Gdansk   from   early   morning   stood
(Mendel)   (was standin

w   skórzanym   fartuchu   przy   swoim   warsztacie.   Wielkie
in   (a) leather   apron   by   his   workshop   Huge
(at)

jego   nożyce   zgrzytały   po   papierze   zapalczywie,   twardo,
his   scissors   were grinding   after   paper   ardently   hard
(on)

śruba   prasy   piszczała,   dociskana   do   ostatniego   kręgu,
(the) screw   (of the) press   was squeaking   (being) tightened   to   (the) last   ring

nóż   wąski,   długi,   błyskał   pod   ranne   słońce   zużytą   swą
(the) knife narrow   long   was shining   under   (the) morning sun   used up   it's

klingą, skrawki papieru padały z szelestem na prawą i
blade pieces (of) paper were falling with (a) rustle on (the) right and

na lewą stronę. Stary introligator pracował gorączkowo,
on (the) left side (The) Old bookbinder worked feverishly

żarliwie; na jego zwiędłej, głęboko zbrużdżonej twarzy
fervently on his wilted deeply lined face

znać było noc niespaną.
known was (a) night sleepless

Gdy przecież wypił lichą kawę, którą mu sąsiadka w
When yet (he) drank weak coffee which (to) him (the) neighbour in
(female)

dużym fajansowym imbryku przyniosła, raźniej mu się
big faience teapot brought lighter (to) him itself

jakoś na sercu zrobiło, nałożył krótką fajeczkę, zapalił i
somehow on heart was made (he) put on (a) short pipe lit it and
(in his)

poszedł budzić wnuka.
went (to) wake (his) grandson

Chłopak   zaspał   dziś   jakoś.   Długo   w   noc   na   posłaniu
(The) Boy   slept in   today   somehow   Long   in   night   on   bed
[He was tossing and   turning   for a   long time at nigl

rzucał   się,   jak   ryba,   a   teraz   spał   snem   głębokim,
was throwing himself   like   (a) fish   and   now   slept   (with a) sleep   deep
]

cichym.
quiet

Cienki   promień   słońca,   wpadający   do   alkowy   przez   otwór
(A) Thin   ray   (of) sun   in-falling   to   (the) alcove   through   (the) opening
[falling into   ]

pąsowej   firanki,   kładł   mu   się   na   oczach,   na   ustach,
(in the) crimson   curtain   laid   him   itself   on   (his) eyes   on   (his) lips
(shone)

na   wątłych,   odkrytych   piersiach;   to   znów   w   ciemnych
on   frail   uncovered   chest   this   again   in   dark

miękkich   włosach   i   w   długich   spuszczonych   rzęsach
soft   hair   and   in   long   lowered   eyelashes

zapalał   złoto   brunatne,   migotliwe   płomyki.
lit up   (with) golden   brown   glimmering   flickers

Stary   patrzył   się   z   lubością   na   dziecko.
(The) Old   was looking himself with delight   on   (the) child
(man)   (at)

Czoło   jego   wygładzało   się,   usta   rozszerzały,   oczy
Forehead   his   was smoothing   itself   lips   widening   eyes

mrużyły   i   nabierały   blasku.
squinting   and gaining   shine

Roześmiał   się   wreszcie   szczęśliwym   cichym   śmiechem,   a
(He) laughed   himself finally   (with a) joyful   quiet   laugh   and

wciągnąwszy   wielki   kłąb   dymu   z   fajeczki,   pochylił   się   i
inhaling   (a) great   ball   (of) smoke   from   (the) pipe   (he) leaned   himself and

puścił   go   pod   sam   nos   chłopaka.
let go   him   under   (the) only   nose   (of the) boy
(exhaled)   (it)

Malec   się   zakrztusił,   zerwał   się,   szeroko   otwarł   złote
(The) youngster   himself   choked   broke   himself   widely   opened   golden
[jumped up   ]

swoje   oczy   i   zaczął   je   trzeć   złożonymi   w   dwie   chude
his   eyes   and started   them   rubbing   (with) folded   in   two   skinny

piąstki   rękami.
fists   hands

Śpieszył   się   teraz   niezmiernie,   był   zafrasowany;   jedno   z
Hurried   himself   now   immeasurably   (he) was   worried   one   of
(He was hurrying)

zadań   zostało   niedokończone,   książki,   kajety   niepoukładane
(the) tasks   had stayed   unfinished   books   notebooks   not put away
(was)

leżały   dotychczas   na   stole.   Już   i   kawy   nie   dopił,   i
were laying   until now   on   (the) table   Already   and   coffee   not   drank up   and
(did not)   (finished drinking)

bułki   na   pauzę,   przełożonej   dwoma   plasterkami   zimnego
buns   on   paused   put in between   (with) two   slices   (of) cold
[paused   eating   his buns]

jajka   na   twardo,   nie   chciał   wziąć,   tylko   w   tornister
egg   on   hard   no   want   to take   only   in   backpack
(hard boiled)   (did not)

książki   rzucał,   niepewny,   czy   się   nie   spóźni.
books   (he) threw   unsure   if   himself no   will be late
[if he will not be late   ]

Kiedy   wszakże,   szynel   na   ramiona   wziąwszy,   do   drzwi
When   however   jacket   on   shoulders   having taken   to   (the) doors
                   (military style)

zmierzał,   drzwi   otwarły   się   gwałtownie,   a   chudy   student
was heading   (the) doors   opened   themselves   violently   and   (a) skinny   student

z   facjatki   pchnął   go   na   powrót   do   izby:
from (the) small garret   pushed   him   on   return   to   (the) room
                                    [back]

"Uciekaj,   bo   żydów   biją!"
Run away   because   Jews   are being beaten

Rozdrażniony   był   widocznie   bardzo.   Jego   ospowata,   długa
Agitated   (he) was   evidently   very   His   pock-marked   long

twarz   zdawała   się   jeszcze   dłuższa   i   jeszcze   bardziej
face   seemed   itself   even   longer   and   even   more

spustoszona;
ravaged

krok, jaki z sieni do izby zrobił, oddalił cienkie jego
(the) step which from (the) entryway to (the) room made distanced thin his

nogi na niezmierną odległość od siebie, małe bure
legs on immeasurable distance from each other small brownish-grey

oczy sypały iskry gniewu. Wylękły malec kłębkiem
eyes were sprinkling sparks (of) anger (The) Fearful youngster in a ball

potoczył się aż ku stołowi, upuszczając szynel i
stumbled himself until toward (the) table dropping (the) jacket and

tornister...
(the) backpack

Stary osłupiał. Ale wnet oprzytomniawszy, ogniami z
(The) Old (was) bewildered But right away came to (with) fires from
(man)

twarzy buchnął: jak żbik do studenta skoczył...
(his) face burst like (a) wildcat to (the) student jumped

"Co to uciekaj? Gdzie un ma uciekać? Na co un ma
What here run away Where he is to run away On what he is to
(what for)

uciekać? Czy un tu ukradł co komu, co by un
run away If he here steal what (from) who what would he
(did) (anything) (anyone)

uciekać miał? Czy un tu w cudzej stancji siedzi? W
run away (he) was to If he here in someone else's lodgings sitting In
(is)

cudzy dom... Un tu w swojej stancji siedzi! W swój
someone else's home He here in his lodgings sits In his

dom! Un tu nikomu nic nie ukradł! Un do szkoły
home He here (to) no one nothing no stolen He to school
(has not)

idzie! Un nie będzie uciekał!"
is going He no will be run away
(will not)

Przyskakiwał do stojącego we drzwiach studenta,
(He) was jumping to standing in (the) doors student

skurczony, zebrany w sobie, syczący, parskający i
shrunken gathered in himself hissing sputtering and

trzęsący brodą.
shaking (his) beard

"Jak   tam   pan   chcesz!",   rzucił   szorstko   student.   "Ja
How   there   Sir   wants   threw   coarsely   (the) student   I
[Whatever you want   ]

powiedziałem..."
said

I   zabierał   się   do   wycofania   z   izby   swej   niezmiernie
And was taking   himself to   retreat   from (the) room   his   immeasurably

długiej   nogi.   Stary   introligator   uchwycił   go   za   połę
long   leg   (The) Old   bookbinder   grabbed   him   by   (the) coattail

wytartego   paltota.
(of his) worn out   petticoat

"Jak   ja   chcę?   ...   Nu,   co   to   jest   za   gadanie,   jak   ja
How   I   want   Well   what   this   is   type of   talking   how   I

chcę!   Ja   chcę,   co   bym   ja   spokój   miał.   Ja   chcę
want   I   want   what   would   I   peace   had   I   want
     (that)

spokojnie   zjeść   mój   kawałek   chleb,   co   ja   na   niego
peacefully   (to) eat   my   piece   (of) bread   what   I   on   him
     (that)   (for)   (it)

pracuję!"
work !

"Nu, ja chcę wychować te sierotę, ten chłopiec, co by
Well, I want to raise this orphan this boy what would
(that)

z to dziecko człowiek był, co by nikt na niego nie
from this child (a) person was what would no one on him no
(that) ()

pluł, kiedy un nic winny nie jest! ..."
spit when he nothing guilty of no is
()

"Nu, ja chcę, co by nie było ani mojej, ani niczyjej
Well I want what would no was neither my nor no one's
(that) (not)

krzywdy, co by sprawiedliwość, co by się ludzie Boga
hurt what would fairness what would themselves people (of) God
(that) (there would be) (that)

bali! ..."
fear

"Nu, ja tego chcę! A uciekać to ja nie chcę! Ja w
Well I this want And running away this I no want I in
(do not)

to miasto się urodził, w ten dom dzieci miał, ja tu
this city myself was born in this house children had I here

nikogo nie skrzywdził, ja tu warsztat mam..."
no one no hurt I here (a) workshop have
(have not)

Nie   skończył,   kiedy   od   załamu   uliczki   ozwała   się
Not   (he) finished   when   from   (the) bend   (in the little) street   raised it's voice   itse
                                                                    (*odezwala* correct)

głucha   wrzawa,   jakby   z   daleka   gdzieś   przeciągającej
(a) deadin   as if   from   afar   somewhere   (a) stalling

burzy.   Po   twarzy   studenta   przeleciał   kurcz   nagły,   wpół
storm   By   (the) face   (of the) student   ran across   (a) cramp   sudden   half
         [A   sudden   cramp ran across   the   student's
głośna   klątwa   wypadła   mu   przez   ściśnięte   zęby.
audible   curse   fell   him   through   clenched   teeth
              (escaped)

Stary   introligator   umilkł,   wyprostował   się   i,   wyciągnąwszy
(The) Old   bookbinder   quieted   straightened   himself   and   stretching

chudą   szyję,   nadsłuchiwał   chwilę.   Wrzawa   zbliżała   się
(his) skinny   neck   was listening   a while   (The) Din   was nearing   itself

szybko.
quickly

Słychać   już   było   gwizd   przeciągły,   śmiechy,   wołania,
Audible   already   was   (the) whistle   drawn out   laughter   callings

wybuchy   krzyków   i   płaczu   lament.   Uliczka   zawrzała.
explosions   (of) yells   and   cries   (of) lament   (The) Little street   buzzed

Zamykano   bramy,   tarasowano   sklepy,   jedni   biegli   wprost
Being closed   (were) gates   being barred   (were) shops   ones   were running straight
                                                          (some)

na   wrzawę,   drudzy   uciekali   od   niej.
on   (the) din   seconds   were running away   from   her
(toward)   (others)   (it)

Nagle   malec   wystraszony   rozszlochał   się   głośno.   Student
Suddenly   (the) youngster   scared   sobbing   himself   loudly   (The) Student

z   naciskiem   drzwi   zamknął   i   zniknął   w   pustej   sionce.
with   (a) push   (of the) door   closed   and   disappeared   in   (the) empty   (little) entryway

Stary   żyd   słuchał.
(The) Old   Jew   listened

Ani szlochania dziecka, ani **wyjścia** studenta **zdawał się**
Neither (the) sobbing (of the) child nor (the) leaving (of the) student (he) seemed himself

nie **spostrzegać.** Wzrok miał jak gdyby **cofnięty** w
no notice Vision (he) had like as if receding in
(to not)

siebie, **dolną wargę** obwisłą, ucho nastawione.
itself bottom lip sagging ear put out
(open)

Mimo skórzanego fartucha, **widać było drżenie** jego
Despite (the) leather apron seen was shaking his

starych kolan; twarz z czerwonej **stała się** brunatna, z
old knees face with red became itself brownish with

brunatnej **żółta,** z **żółtej** kredowo-biała. **Wyglądał** jak
brownish yellow with yellow chalky white (He) Looked like

człowiek trafiony **postrzałem.**
(a) person hit (with a) shot

Chwilka jeszcze, a to stare, **osłabłe** ciało **złamie się** i
A moment still and this old weakened body will break itself and
()

runie.
collapse

Coraz   bliższa,   coraz   wyraźniejsza   wrzawa   wpadła
More and more closer   more and more clearer   (the) din fell in

nareszcie   w   opustoszałą   uliczkę   z   ogromnym   wybuchem
finally   in   (the) deserted   (little) street   with   (a) great   explosion

krzyku,   świstania,   śmiechów,   klątw,   złorzeczeń.   Ochrypłe
(of) screaming   whistling   laughter   cursing   maledictions   Raspy

pijackie   głosy   zlewały   się   w   jedno   z   szatańskim   piskiem
drunken   voices   merging   themselves in   one   with (the) satanic   screech

niedorostków.
(of the) runts

Powietrze   zdawało   się   pijane   tym   wrzaskiem   motłochu;
(The) air   seemed   itself   drunk   (with) this   shriek   (of the) mob

jakaś   zwierzęca   swawola   obejmowała   uliczkę,   tłoczyła   ją,
some kind of animalistic   lawlessness   enveloped   (the little) street   pressing   her
(it)

przewalała   się   po   niej   dziko,   głusząco.
bulldozing   itself   by   her   wildly   deafeningly
(about)

Trzask łamanych okiennic, łoskot toczących się beczek,
(The) Slam (of) broken shutters (the) clatter (of) rolling themselves barrels

brzęk rozbijanego szkła, łomot kamieni, zgrzyt drągów
(the) clang (of) breaking glass (the) crash (of) stones (the) grinding (of) clubs

żelaznych, zdawały się, jak żywe, brać udział w tej
steel seemed itself like alive took part in this

ohydnej scenie.
disgusting scene

Jak płatki gęsto padającego śniegu wylatywało i opadało
Like flakes (of) thickly falling snow was flying out and falling down

pierze z porozrywanych poduszek i betów. Już tylko
feathers from ripped apart pillows and blankets Already only

kilka lichych kramów dzieliło izbę Mendla od rozpasanej
a few flimsy booths separated (the) room (of) Mendel from unbridled

ciżby.
crowd

Malec   przestał   szlochać   i,   trzęsąc   się   cały   jak   w
(The) Youngster stopped   sobbing   and shaking   himself whole   like   in

febrze,   przysiadł   się   do   dziada.   Jego   wielkie,   ciemne
fever   sat down   himself to   grandfather His   great   dark

oczy   pociemniały   jeszcze   i   świeciły   ponuro   z   pobladłej
eyes   darkened   still   and sparkled   gloomily   from paled

twarzyczki.
face

Dziwna   rzecz!   To   przytulenie   się   dziecka   i   to   bliskie
(A) Strange   thing   This   embrace   itself   (of the) child   and this   close

już   niebezpieczeństwo   skrzepiły   starego   żyda.   Położył   rękę
already danger   clotting   (the) old   Jew   (He) laid   (his) hand

na   głowie   wnuka,   tchu   w   piersi   nabrał   szerokim
on   (the) head   (of his) grandson   breath   in   chest   took in   (with a) wide

oddechem,   a   choć   twarz   miał   jeszcze   jak   opłatek   białą,
breath ,   and although   face   had   still   like   holy bread   white

do   źrenic   już   przywołał   i   ogień,   i   życie.
to   pupils   already called   and fire   and life

"Sz...",   szepnął   uspokajająco.
Sh   (he) whispered calmingly

Teraz   dopiero   uciszał   płacz,   który   już   sam   umilkł,
Now   just   quieted   (the) cry   which   already   alone   quieted
                                                                    (stopped)
zduszony   wielkim   strachem.   Teraz   dopiero   to
choked   (with) great   fear   Now   just   this

przedchwilowe   szlochanie   dziecka   dochodziło   do   jego
a moment ago   sobbing   (of the) child   was getting   to   his

świadomości.
consciousness

W   tej   chwili   do   długiej,   wąskiej   sionki   wpadło   kilka
In   this   moment   to   (a) long   narrow   (little) entryway   fell in   a couple

kobiet:
women

powroźniczka   z   dzieckiem   na   ręku,   stróżka,   straganiarka.
(a) ropemaker   with (a) child   on   arm   watchwoman   boothkeeper
                                                           (in her arm)

"Dalej,   Mendlu!",   krzyknęła   od   progu   stróżka,   "zejdźta   im
Further   Mendel   yelled   from   (the) threshold   (the) watchwoman   get off   them
(Get going)   [dialect for Zejdz oczu

z   oczów!   Ja   tu   duchem   w   oknie   obrazik   postawię,
from   eyes   I   here   (a) ghost   in   (the) window   (little) picture   will put
, get   out of sight]

albo   krzyzik.   Już   ta   po   inszych   izbach   stoi...   To   tam
or   (a small) cross   Already this   at   other   chambers   stands   This   there
                              (feminine)   (inna)

nie   idą!"
no   go
(do not)

Chwyciła   malca   za   rękę.
(She) Grabbed   (the) youngster   by   (the) hand

"Dalej,   Kubuś!   Do   alkowy!"
Further   Kubus   To   (the) alcove
(keep going)   (endearing form of Jakub)

Obstąpiły   ich,   zasłaniały   sobą,   pchały   ku   pąsowej
Surrounded   them   covered   themselves   pushing   towards   (the) crimson
(They surrounded)   (with themselves)

firance.   Znały   tego   żyda   tak   dawno,   był   usłużnym,
curtain   (They) knew   this   Jew   so   long ago   (he) was obliging

dobrym   człowiekiem.   Za   kobietami   zaczęli   się   wsuwać
good   person   Behind   (the) women   (they) started   themselves   sliding in

inni   mieszkańcy   małej   kamieniczki.   Izba   zapełniała   się
others   inhabitants   (of the) small   building   (The) Room (was) filling   itself

ludźmi.
(with) people

Stary   Mendel   jedną   rękę   oparł   ciężko   na   ramieniu
Old   Mendel   one   hand   rested   heavily   on   (the) shoulder

chłopca,   a   drugą   odsunął   kobiety.
(of the) boy   and   (the) other   pushed away   (the) women

Oprzytomniał juž zupełnie przez tę jedną chwilę.
(He) Came to already completely through this one moment

"Dajta spokój, Janowa!", mówił twardym, brzmiącym jak
Give you peace Janowa (he) was saying (in a) hard sounding like
(Dajcie) (Give it a rest) (surname)

dzwon głosem. "Dajta spokój! Ja wam dziękuję, bo wy
(a) bell voice Give you peace I you thank because you
[Give it a rest]

mnie swoją świętość chcieli dać, mnie ratować, ale ja
me your holiness wanted to give me save but I

do moje okno krzyž nie chcę stawić! Ja się nie chcę
to my window (a) cross no want to put I myself no want
(do not) (do not)

wstydzić, co ja žyd. Ja się nie chcę bać!"
to feel ashamed what I (a) Jew I myself no want to be afraid
(that) (do not)

"Jak uny miłosierdzia w sobie nie mają, jak uny
If they mercy in themselves no have if they
(do not)

cudzej krzywdy chcą, nu, to uny i na ten krzyż nie
other people's hurt want well then they and on this cross no
(will not)

będą pytali, ani na ten obraz..."
be asking nor on this picture

"Nu, to uny i nie ludzie są. To uny całkiem dzikie
Well then they and not people are Then they completely wild
[they are not people]

bestie są."
beasts are

A jak my są ludzie, jak uny są chrześcijany, nu, to
And if we are people if they are Christians well then

dla nich taka siwa głowa starego człowieka i takie
for them this type of grey head (of an) old person and this type of

dziecko niewinne, też jak świętość będzie.
child innocent also like holiness will be

"Pójdź,   Kubuś..."
Go   Kubus

I   pociągnąwszy   za   sobą   chłopca,   mimo   hałaśliwych
And   having pulled   behind   himself   (the) boy   despite   (the) loud

protestów   zebranych,   do   okna   podszedł,   oba   jego
protests   (of the) gathered   to   (the) window   walked up   both   of his
            (people)   (of it's)

skrzydła   pchnięciem   ręki   otworzył   i   stanął   w   nim   w
wings   (with the) push   (of a) hand   opened   and   stood   in   him   in
                                                                     (it)

rozpiętym   kaftanie,   w   skórzanym   fartuchu,   z   trzęsącą   się
(an) unbuttoned   jacket   in   (a) leather   apron   with   (a) shaking   itself

brodą   białą,   z   głową   wysoko   wzniesioną,   tuląc   do
beard   white   with   head   high   raised   hugging   to

swego   boku   małego   gimnazistę   w   szkolnej   bluzie,
his   side   (the) small   student   in   (a) school   sweatshirt

którego   wielkie   oczy   otwierały   się   coraz   szerzej,utkwione
whose   great   eyes   opened   themselves   more and more   wider   fixed

w   wyjący   motłoch.
in   (the) winding   din

Widok   był   tak   przejmujący,   że   kobiety   szlochać   zaczęły.
(The) Sight   was   so   keen   that   (the) women   to weep   started

Spostrzegła   stojącego   w   oknie   żyda   uliczna   zgraja   i,
Noticed   (the) standing   in   (the) window   Jew   (a) street   gang   and

omijając   pozostałe   kramy,   rzuciła   się   ku   niemu.
going around   (the) remaining   market stalls   threw   itself   toward   him
(the gang threw itself)

Tę   heroiczną   odwagę   starca,   to   nieme   odwołanie   się
This   heroic   courage   of old   this   mute   referencing   itself
(of the old man)

do   uczuć   ludzkich   tłumu,   wzięto   za   zniewagę,   za
to   (the) feelings   human   of crowd   taken   for   insult   for
(of the crowd)

urągowisko.
defiance

Tu   już   nie   szukano,   czy   jest   do   wytoczenia   jaka
Here   anymore no   looking   if   (there) is   to   roll out   any kind of
[There was no more   looking here]

beczka   **pełna**   octu,   okowity,   jaka   paka   towarów   do
barrel   full   (of) vinegar   spirit   any kind of   pack   (of) goods   to

rozbicia,   jaka   pierzyna   do   rozdarcia,   jaki   kosz   jaj   do
break apart   any kind of   duvet   to   tear apart   any kind of   basket   (of) eggs   to

stłuczenia.
break

Tu   **wybuchła**   ta   dzika   **żądza**   pastwienia   **się**,   ten   instynkt
Here   exploded   this   wild   desire   (to) torment   itself   this   instinct

okrucieństwa,   który   przyczajony   w   jednostce,   jak   **pożar**
(of) cruelty   which   lurking   in   (the) unit   like   (a) fire

opanowuje   zbiegowisko,   ciżbę...
takes over   (the) crowd   throng

Jeszcze   nie   dobiegli   pod   okno,   kiedy   **kamień**   rzucony
Yet   no   reached   under   (the) window   when   (a) stone   thrown
[They had not reached the window   ]

spośrodka   tłumu,   trafił   w   głowę   chłopca.
from the centre   (of the) crowd   hit   in   (the) head   (of the) boy

Malec   krzyknął,   kobiety   rzuciły   się   ku   niemu.
(The) Youngster yelled   (the) women   threw   themselves toward him

Żyd   puścił   ramię   dziecka,   nie   obejrzał   się   nawet,   ale
(The) Jew let go   (of the) shoulder (of the) child   no   looked around himself even   but
                                              (not)
podniósłszy   obie   ręce   wysoko,   ponad   wyjący   motłoch
having lifted   both   arms   high   above   (the) winding   din

wzrok   utkwił   i   szeptał   zbielałymi   usty:
eyesight   stuck   and whispered   (with) whitened   lips

"Adonai!   Adonai! ...",   a   wielkie   łzy   toczyły   się   po   jego
Adonai   Adonai   and   great   tears   were rolling   themselves   across   his
(Hebrew name for God)
zbruźdżonej   twarzy.
lined   face

W   tej   chwili   był   to   prawdziwy   "Gaon" ,   co   znaczy:
In   this   moment   (he) was this   (a) real   Gaon   what   means
                                                                 (which)

wysoki,   wzniosły.
tall   lofty

Kiedy   pierwsi   z   tłumu   pod   okno   dopadli,   znaleźli   tam
When   (the) first from (the) crowd   under   (the) window got there   (they) found   there
         (people)

wszakże   niespodziewaną   przeszkodę   w   postaci   chudego
however   unsuspected   obstacle   in   (the) form   (of a) skinny

studenta   z   facjatki.
student   from (the) attic

Z   wzburzoną   czupryną,   w   rozpiętym   mundurze,   stał   on
With (a) disheveled   head of hair   in   (an) unbuttoned uniform   stood   he

pod   oknem   żyda,   rozkrzyżował   ręce,   zacisnąwszy   pięści
under   (the) window   (of the) Jew   (he) unfolded   (his) arms   having squeezed   (his) fists

i   rozstawiwszy   nogi   jak   otwarty   cyrkiel.
and   positioned wider   (his) legs like   (an) open   compass

Był   tak   wysoki,   że   zasłaniał   sobą   okno   niemal   w
(He) was so   tall   that   (he) covered   (by) himself (the) window almost   in

połowie.   Gniew,   wstyd,   wzgarda,   litość,   wstrząsały   jego
half   Anger   shame   scorn   mercy   were shaking   his

odkrytą   piersią   i   płomieniami   szły   po   jego   czarnej,
uncovered   chest   and   (with) flames   went   across   his   black
                                                       (were going)

ospowatej   twarzy...
pockmarked   face

"Wara   mi   od   tego   żyda!",   warknął   jak   brytan   na
Keep away from to me   from   this   Jew   barked   like   (a) Brittany spaniel on
[Stay away   from   this   Jew   ]   (at)

pierwszych,   którzy   nadbiegli.
(the) firsts   who   ran up
(people)

"A   nie,   to   wal   we   mnie   jeden   z   drugim   gałgany!
And   no   so   hit   into   me   one   with   second   buggers
                                                              (the other)

Psubraty,   hultaje!"
Varlets   scallywags

Trząsł się aż cały i nawet pełnego głosu dobyć nie
(He) shook himself so complete and even full voice get out no
(he shook all over) [he could not bring out his full voice

mógł, tak go gniew dławił. Z małych jego burych oczu
could so him anger choked From small his greyish eyes
] (so much) (was choking)

iskry sypać się zdawały.
sparks scattering themselves seemed

Był w tej chwili piękny jak Apollo...
(He) waśn this moment beautiful like Apollo

Kilku trzeźwiejszych z bandy zaczęło się cofać. Postać
A few more sober from (the) gang started themselves back away (The) figure

młodzieńca i jego słowa uderzyły ich swą siłą.
(of the) young boy and his words hit them (with) their strength

Skorzystał z tego długi student, a skoczywszy przez
Took advantage from this (the) long student and having jumped through
(of)

niskie okno do izby, odepchnął żyda, a sam w oknie
(the) low window into (the) room pushed away (the) Jew and alone in (the) window

stanął.
stood

Tłum   przeciągnął   mimo   tego   okna   z   głuchą   wrzawą.
(The) Crowd stretched   despite   this   (the) window with   (a) deaf   clamour

Szyderstwa,   pogróżki,   wrzaski,   złorzeczenia,   towarzyszyły
Sneers   threats   screams   ill wishes   accompanied

pochodowi   temu;   po   czym   wrzawa   oddalała   się,   cichła,
procession   this   after   which   (the) clamour   was distancing   itself   quieting

aż   przeszła   w   huk   niewyraźny,   daleki.
until   (it) went by   in   (a) bang   unclear   distant

Tego   wieczora   nikt   się   przy   sosnowym   stole   nie   uczył,
This   evening   no one   himself by   (the) pine   table   no   study
                                                                          (did not)

i   nikt   przy   warsztacie   nie   pracował.
and no one   by   (the) workshop   no   work
                                                  (did not)

Zza pąsowej firanki, z alkowy, dobywał się niekiedy
From behind (the) rich red curtain from (the) alcove was coming itself at times

cichy jęk dziecka; zresztą spokój panował tu zupełny.
(a) quiet whimper of child Anyway peace was prevailing here complete
(of a child)

Gdyby nie rozbita szyba w okienku, gdyby nie
As if no (a) broken pain in (the) little window as if no
(not) (not)

porzucony na podłodze szynel i tornister uczniowski, nie
abandoned on (the) floor jacket and backpack student no
[there

znać byłoby tej burzy, która tu przeszła rankiem.
known would be this storm that here went through (in the) morning
was no sign of]

W alkowie, za pąsową firanką, leżał mały gimnazista z
In (the) alcove behind (the) rich red curtain was laying(the) small student with

obwiązaną głową.
(a) wrapped head

Zielona   lampka   paliła   się   przy   nim,   chudy   student
(The) Green   (little) lamp   was shining   itself   by   him   (the) skinny   student

siedział   na   brzegu   łóżka,   trzymając   rękę   malca.
was sitting   on   (the) edge   (of the) bed   holding   (the) hand(of the) young boy

Twarz   studenta   była   już   tą   samą,   co   zwykle,   dziobatą,
(The) Face   (of the) student   was   already this   same   what   usual   pimply
                                                                    (as)

brzydką   twarzą;   w   oczach   tylko   paliły   się   niedogasłe
ugly   face   in   eyes   only   were burning themselves   undimmed

ognie,   z   dna   duszy   ruszone.   Siedział   milczący,
fires   from   (the) bottom   (of his) soul   moved   (He) Sat   not saying anything

namarszczony,   gniewny   i   od   czasu   do   czasu   rzucał
wrinkled   angry   and   from   time   to   time   (he) threw

niecierpliwe   spojrzenie   w   ciemny   kąt   alkowy.
(an) impatient   look   in   (the) dark   corner   (of the) alcove

W   kącie   tym   siedział   stary   Mendel   Gdański,   bez   ruchu,
In   (the) corner this   was sitting   old   Mendel   (of) Gdansk   without movement

bez   głosu.
without voice

Skulony,   z   łokciami   wspartymi   o   kolana,   z   twarzą   ukrytą
Hunched over with elbows   rested   on   knees   with face   covered

w   rękach,   siedział   on   tak   już   od   południa,   od   chwili,
in   hands   (he) was sitting he   so   already from   afternoon   from   (the) moment

w   której   dowiedział   się,   że   chłopcu   niebezpieczeństwo
in   which   (he) found out   himself   that   (the) boy   danger

nie   grozi.
no   (a) threat
(is not)

Ta   nieruchomość   i   to   milczenie   starego   introligatora
This   stillness   and   this   quiet   (of the) old   bookbinder

niecierpliwiły   studenta.
were exasperating   (the) student

"Panie Mendel!", burknął wreszcie, "wyleźże pan już raz
Sir Mendel mumbled finally come out Sir already once
(wyjdz)

z tego kąta! Bosiny pan odprawiasz, czy co u licha?
from that corner Bosiny Sir conducting or what at (the) devil
(A Jewish pre-mourning ritual) (in)

Trochę gorączki i nic więcej. Chłopak za tydzień jaki
A little fever and nothing more (The) Boy after (a) week some kind of
(in) (a week or so

do szkoły pójdzie, byle się trochę tylko skóra zrosła.
to school will go as long as itself a little only skin will grow over
(will heal)

A pan tak na marze zasiadł, jakby co panu umarło."
And Sir so on (the) nightmare have settled as if what to Sir has died
(something)

Stary żyd milczał.
(The) Old Jew remained quiet

Po   chwili   dopiero   podniósł   głowę   i   odezwał   się   głosem
After   a moment   just   (he) lifted   head   and   spoke   himself (in a) voice

namiętnie   drgającym:
passionately   jittering

"Pan   się   pyta,   czy   ja   na   bosiny   siedzę?   Nu,   ja
Sir   himself   asks   if   I   on   bosiny   am sitting   Well   I
                                          (at)   (*the Jewish mourning ritual*)

siedzę   na   bosiny!   Ja   popiół   na   głowę   mam   i   wór
(am) sitting   on   the mourning ritual I   ash   on   head   have   and   (a) bag
            (at)

gruby   na   głowie   mam,   i   na   popiele   ja   siedzę,   i   nogi
fat   on   head   have   and on   ash   I   (am) sitting   and feet

bose   mam,   i   pokutę   wielką   mam,   i   wielką   boleść
bare   have   and   penance   great   have   and   great   pain

mam,   i   wielką   gorzkość..."
have   and great   bitterness

Zamilkł   i   twarz   znowu   w   ręce   ukrył.
(He) quieted   and face   again   in   hands   hid

Mała   zielona   lampka   dawała   jego   siwej   głowie   jakieś
(The) small   green   lamp   was giving   his   grey   head   some kind of

szczególne   widmowe   niemal   oświetlenie.   Malec   jęknął   raz
particular   ghostly   almost   light   Small boy   whimpered   once
                                                (The small boy)

i drugi   i znów   zaległo   milczenie.
and second   and again   lingered   quiet
(again)   (stayed)

A   wtedy   wśród   tej   ciszy   podniósł   Mendel   Gdański   raz
And   then   amongst   this   quiet   lifted   Mendel   (of) Gdansk   once

jeszcze   głowę   i   rzekł:
more   head   and said

"Pan   powiada,   co   u   mnie   nic   nie   umarło?   Nu,   u
Sir   says   what   at   me   nothing   not   died   Well   at
            (that)   (to)   (to)

mnie   umarło   to,   z   czym   ja   się   urodził,   z   czym   ja
me   died   this   with which   I   myself   was born   with what   I

sześćdziesiąt   i   siedem   lat   żył,   z   czym   ja   umierać
sixty   and   seven   years   lived   with which   I   to die
                                                |with which I   thought   I would die

myślał..."
thought
]

"Nu, u mnie umarło serce do tego miasto!"
Well at me died (the) heart to this city
(to) [my love for this city]

The book you're now reading contains the paper or digital paper version of the powerful e-book application from Bermuda Word. Our software integrated e-books allow you to become fluent in Polish reading, fast and easy! Go to learn-to-read-foreign-languages.com, and get the App version of this e-book!

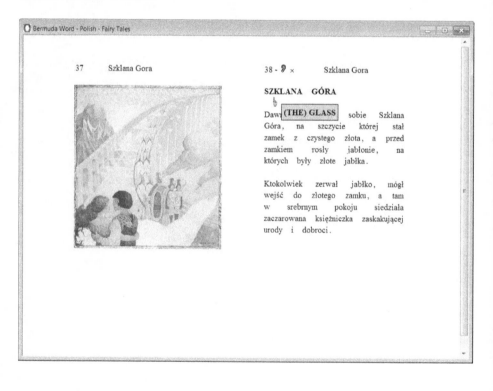

The standalone e-reader software contains the e-book text, and integrates **spaced repetition word practice** for **optimal language learning**. Choose your font type or size and read as you would with a regular e-reader. Stay immersed with **interlinear** or **immediate mouse-over pop-up translation** and click on difficult words to **add them to your wordlist**. The software knows which words are low frequency and need more practice.

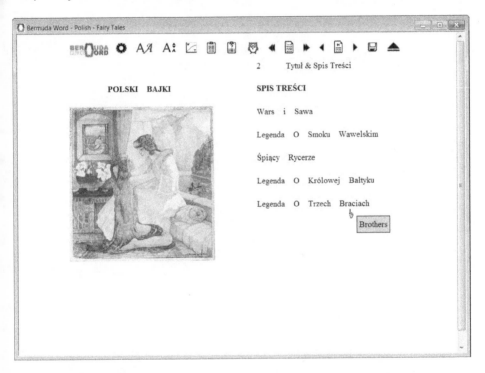

With the Bermuda Word e-book program you **memorize all words** fast and easy just by reading and efficient practice!

LEARN-TO-READ-FOREIGN-LANGUAGES.COM
Contact us using the button on the site!